カレーの世界史

カレー総合研究所代表取締役
井上岳久

SBビジュアル新書

■本文デザイン
渡辺 縁

■本文組版・図版
株式会社ウエイド（木下春圭、菅野祥恵）

■本文イラスト
株式会社ウエイド（関 和之）

■撮影（P147、P159〜163）
伊藤孝一（SBクリエイティブ）

■編集協力
浜田哲男

はじめに

　今や、日本の国民食といっても過言ではないカレー。

　子どもから大人まで幅広い世代に親しまれているカレーは、一番好きな食べ物として挙げる人も多い料理です。

　大手食品メーカーの調査によると、日本人のカレーの消費量は1人あたり年間平均約84食とされており、私たちは週に1〜2食程度はカレーを口にしていることになります。

　しかし、よく食べる、あるいは好きだという人でも、カレーがどのように人類の歴史に登場し、広まったのか、詳しく知っている人がどれだけいるのかというと……グッと少なくなるような気がします。

　私はかつて、「横濱カレーミュージアム」(2007年閉館)の実務館長を務め、退任後はカレーのコンサルティングを行う「カレー総合研究所」を設立。その後は、カレーの専門家を育成する「カレー大學」を開校するなど、長きにわたってカレーに携わってきました。その中で実感したのは、カレーほど奥が深い料理はない、ということです。

　世界中にたくさんある料理の中でも、カレーにはとても長い歴史があります。政治、宗教などの文化的な側面からだけでなく、ビジネス、健康、エンターテインメントなど、実利的な側面からとらえることもできます。

多くのものから影響を受け、あるいは与え、形を変えながら世界中で食べられている──。こんな料理は他にはありません。

その深い知識を皆さんに知っていただけるよう、カレーの歴史に焦点をあて、やや大げさにいえば、人類とカレーの歩みについてまとめました。

なぜ、インドでカレーが生まれたのか？
どうして、インドの郷土料理が世界中に広まったのか？
世界ではどんなカレーが食べられているのか？
そして、日本人はどのようにカレーを受け入れたのか？

本書では、こうした疑問をわかりやすく解説しています。

『カレーの世界史』というタイトルから、もしかしたら難解なイメージを持っている人がいるかもしれません。

確かに、本文中には世界史上の事件や年号が出てきますから、「どうして、これがカレーと関係あるの？」と首をかしげる人もいるかもしれません。

しかし、一見、関係なさそうに見える歴史上の制度や事件が、実はその国の食文化、ひいてはカレーに直接的・間接的に影響を与えたということが、読み進めるうちにおわかりになると思います。

　本書では、文字だけではなく、イラストや写真といったビジュアルを多用し、気軽に楽しくカレーの知識が得られるように努めました。

　前から順に読んでいただく必要はなく、興味のある項目から楽しんでいただける構成となっています。

　歴史的な背景やうんちくを語りながらカレーを食べると、味が変わり、不思議なことに何十倍もおいしく感じられます。私はそのことを、身をもって体験してきました。

　本書の中には、皆さんが今まで知らなかったカレーがあるはずです。是非、得た知識を他の人と共有しながら、おいしいカレーを楽しんでください。

井上岳久

※本書の記述は2019年12月現在のものです。
※歴史用語は『世界史用語集』全国歴史教育研究協議会 山川出版社 に準拠しました。

目次

Curry

目
次

 2皿目 **カレーの世界史**

世界を魅了した希少な調味料 …………………………… 58
中世ヨーロッパが渇望したコショウの実 ………………… 62
ポルトガルによるインド航路開拓 ………………………… 66
世界を席巻したトウガラシ ………………………………… 68
ヨーロッパ人はカレーをどう記録したか ………………… 72
「カレー」はヨーロッパ人の勘違い? …………………… 74
イギリスはインドをどのように支配したか ……………… 76
カレーをイギリスにもたらした人物とは? ……………… 80
カレーパウダーという大発明 ……………………………… 82
大のカレー好きだったヴィクトリア女王 ………………… 84
カレーを受け入れたイギリス人 …………………………… 86
インド人とともに世界に広まったカレー ………………… 88
カレーは頼もしい倹約料理!? ……………………………… 92
イギリスの国民食「チキンティッカマサラ」 …………… 94

 コラム 2

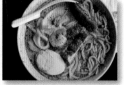

3皿目 世界のカレー事情

4 皿目 カレーと日本人

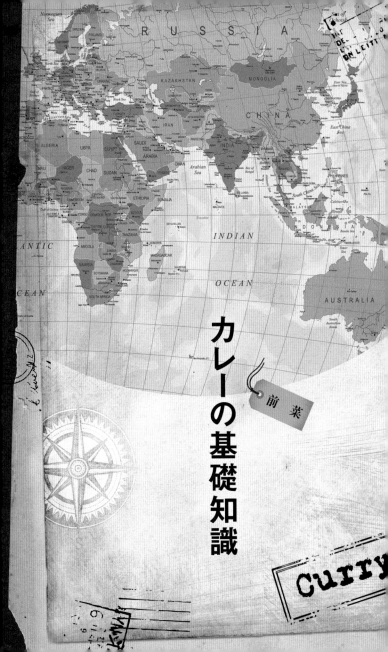

カレーの基礎知識

前菜

Curry

① そもそも"カレー"とは 何なのか?

本編に入る前に、カレーに関する基本的なポイントを確認しておきたいと思います。

そもそもカレーとは何なのか?

そして、カレーの「構成要素」とは?

ルウと白米のカレーライスだけが"カレー"ではないのです。

カレーとは・・・・

香辛料(スパイス)を調理工程において複数使用した料理、もしくは数種類の香辛料を混ぜ合わせたスパイスミックスを使って調理した料理の総称。

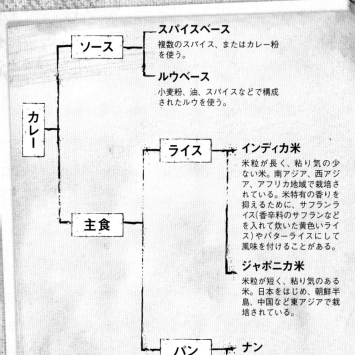

ソース ── スパイスベース
複数のスパイス、またはカレー粉
を使う。

── ルウベース
小麦粉、油、スパイスなどで構成
されたルウを使う。

カレー

ライス ── インディカ米
米粒が長く、粘り気の少
ない米。南アジア、西アジ
ア、アフリカ地域で栽培さ
れている。米特有の香りを
抑えるために、サフランラ
イス(香辛料のサフランなど
を入れて炊いた黄色いライ
ス)やバターライスにして
風味を付けることがある。

主食

── ジャポニカ米
米粒が短く、粘り気のある
米。日本をはじめ、朝鮮半
島、中国など東アジアで栽
培されている。

パン ── ナン
精製した小麦粉を使って生
地を発酵させた後、釜(タ
ンドール釜)の壁面に貼り
付けて焼いたもの。

── チャパティ
全粒粉を使った円形のパン
で、フライパンで焼く。発
酵させないのが特徴。まっ
たく同じ原料と形状でロ
ティというパンがある。

── ドーサ
南インドで食べられている
クレープのようなパン。米
粉と豆の粉を混ぜ合わせた
ものが原料。

調理の過程で複数のスパイスを入
れた料理=カレーという定義に従え
ば、タンドリーチキン(ヨーグルトと
香辛料に漬け込んだ鶏肉を窯で焼い
たもの)や、サモサ(野菜と肉を香辛
料とともに炒め、薄い小麦粉で包ん
で揚げた料理)も、広い意味ではカ
レーということになる。

② カレーには どんな系統がある?

世界で食べられているカレーは、3つの系統に分けられます。

・インドカレー
・欧風カレー
・日本進化型カレー

見た目は似ていますが、この3つはまったく別のもの。
ここでは、それぞれの特徴と、細かな分類について解説します。

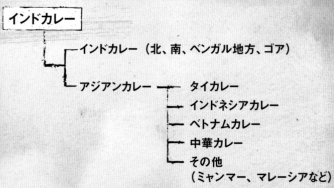

東南アジアのカレーは、インド人が同地に持ち込んだカレーがアレンジされたものなのでインドカレーと同じ系譜に含まれる。インドカレーの特徴は30ページ、アジアンカレーの特徴は108ページ以降を参照。

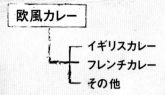

欧風カレーとは、おもにイギリスのカレーのこと。日本と同様、ライスで食べるのが特徴。詳細は122ページ参照。

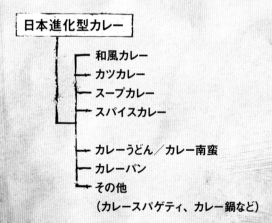

インドカレーでも欧風カレーでもない、日本で独自に進化したカレー。日本の食文化に適合して生まれた和風カレーや、地域特性を活かしたスープカレーなど。

③ インド人はどんなカレーを食べている?

「インドカレー」というと、茶色いカレーにナンを想像する人は多いでしょう。では、そのカレーに、インド人はどんな具材を入れているのでしょうか?

入れる具材は地域や家庭によっても異なるので、「インドカレー」といっても膨大な種類があるのですが、ここでは代表的なものをピックアップしました。

基本形

チキン
鶏肉

バターチキン
タンドリーチキン
バター

キーマ
挽肉

マトン
羊肉

バターチキンカレー

日本でもよく知られる4種。インドでは、宗教上の理由から、牛肉、豚肉がカレーに入れられることはほとんどない。肉が使われる場合は、鶏肉か羊肉。南部では魚介類や豆類を入れることも多い。

発展型

コルマ

乳製品
ナッツのペースト

ポークビンダルー

豚肉
酢
ニンニク

サグ

ホウレンソウ

ベジタブル

野菜

サグカレー

ポークビンダルーは、ポルトガル料理に由来するカレー。ゴアはキリスト教徒が多いため、料理に豚肉が使われている。コルマは、ヨーグルト、生クリーム、ナッツのペーストに肉を漬け込んだカレー。

ビリヤニとは?

ビリヤニとは、インドとその周辺国で食べられている炊き込みご飯のこと。各種スパイス、マリネした肉（あるいは魚、野菜）、ニンニク、ショウガなどを米に混ぜてつくられる。イスラムが起源の料理だが、現在では宗教に関係なく食べられている人気メニュー。カレーとともに供されることもある。

カレーに入っているのは どんなスパイス?

カレーには、「食欲」をそそる独特の香りがあります。

その素となっているのが、各種のスパイス。

ここでは、インド人が必ずカレーに入れるという定番スパイスを集めました(スパイスに関する詳細は58ページ)

ターメリック

カレーの独特の色の素になるスパイス。日本では「ウコン」という名で知られる。独特の土臭い匂いは熱を加えることで弱まる。主産地:インド。

クミン

「カレーらしさ」を思わせる芳香。最も古くから栽培されているスパイスの1つ。アフリカ、南米などのエスニック料理にも欠かせない。主産地:インド、イラン。

コリアンダー

甘くさわやかでスパイシーな香り。スパイスとして使われるのは実の部分。葉の部分は別名パクチー、香菜とも呼ばれる。葉と実は香りも味もまったく異なる。主産地:モロッコ。

チリ（トウガラシ）

辛味をつけるスパイス。いわゆる赤トウガラシ。世界に3000種類を超える品種が存在する。大航海時代、コロンブスによって西インド諸島で「発見」された。主産地：中国、韓国、インドなど。

シナモン

甘く上品な香りでお菓子にも使われる。スパイスとして使われるのは樹皮の部分。古代エジプトではミイラの防腐剤としても使われていた。主産地：スリランカ、ベトナムなど。

ペッパー（コショウ）

料理には、香り付け、辛味付け、臭み消しに使われる。加工方法によってホワイトペッパー、ブラックペッパー、グリーンペッパーとなる。主産地：マレーシア、インドなど。

カルダモン

さわやかな刺激とほのかな柑橘系の芳香。「香りの王様」といわれ、少量でも強く香る。バニラやサフランに次いで高価なことでも知られる。主産地：インド。

サフラン

料理を黄色くする。10グラムのサフランをつくるのに1500本以上の花が必要となる。しかもすべて手作業なので、非常に高価。主産地：インド、スペインなど。

クローブ

甘さを伴なった刺激的な香りがあり、口に含むと辛さと苦さでしびれるような感覚がある。肉の臭みを抑える。主産地：マダガスカル、ザンジバル諸島など。

［写真：ハウス食品］

19

⑮ カレー粉には何が入っている?

カレー粉とは、クミン、カルダモン、ターメリックなど約20種類以上のスパイスやハーブでつくられた混合香辛料のこと。

このカレー粉にうま味を出すための調味料(塩分や乳製品、肉エキスなど)を加えながら、小麦粉と混ぜ合わせ、バターやオリーブオイルで炒めたものが、いわゆるカレールウです。

カレー粉は、イギリス人が本国でカレーをつくるために配合したもので、もともとインドには存在しなかったものです。

インドでは、これとは別に3〜10種類のスパイスを混合した「ガラムマサラ」というミックススパイスが使われていました。

カレー粉とガラムマサラ、使われるスパイスに大きな違いはありませんが、決定的に違うのがターメリックが入っているかどうか。ガラムマサラは香り付けと辛味付けに使われるため、ターメリックは含まれません。

カレー粉の原材料《エスビー食品「赤缶」の場合》

ターメリック、コリアンダー、クミン、フェネグリーク、コショウ、赤トウガラシ、陳皮など(エスビー食品HPより)

※実際には30種類以上のスパイスとハーブを調合してつくられている。ここに挙げたのはその一部。

[写真提供:エスビー食品]

【参考サイト】
「カレー粉とガラムマサラの違い」エスビー食品
https://www.sbfoods.co.jp/sbsoken/supportdesk/005.html
「学校給食とカレー」全日本カレー工業協同組合
http://www.curry.or.jp/index.html

インドとカレー

1皿目

Curry

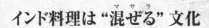

インド料理は "混ぜる" 文化

国によって、食文化の特徴はさまざま。調理において、どんな工程が重視されるのかも、大きく異なります。

例えば、西洋料理では、鍋を使って「煮る」作業が重視されます。一方、中華料理で重視されるのは、火を使って「炒める」作業。高温で瞬時に炒めるときは、通常の「炒」ではなく「爆」を使うなど、文字そのものを変えて表現するほどです。

日本料理で重視されるのは「切る」作業でしょう。板前修業で一人前になるのは10年以上かかるといわれます。

では、インド料理の場合はどうでしょうか。

インド料理は「混ぜる」文化だといわれます。石臼を使ってスパイスをすりつぶし、いかに配合するかという点に重きが置かれます。スパイスの種類や量、配合の違いが、そのまま料理の味を形成するといっても過言ではありません。

スパイスの種類は、辛さの素となるトウガラシをはじめ、強い芳香を放つクミンシードやフェンネル、独特の甘みと香りを併せ持つシナモンなど実にさまざま。インド料理の味はこれらのスパイスが複雑に絡み合うことで成り立っているのです。

地域によって好みの味は異なり、スパイスの配合も変わってきます。複雑な香りを楽しむ傾向のある北インド料理はそれほど辛くなく、逆に南インド料理は汗が吹き出してしまうほど辛いという特徴があります。東側のベンガル地方の料理は、マイルドで日本人にも食べやすい味です。

どの作業が重視される？

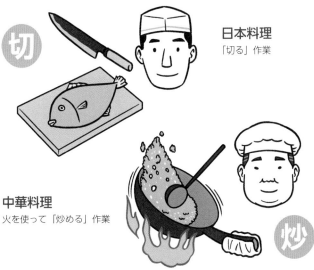

日本料理
「切る」作業

中華料理
火を使って「炒める」作業

西洋料理
鍋を使って「煮る」作業

インド料理
好みのスパイスを選び、すりつぶして混ぜ合わせる。インドでは、料理に入れるスパイスの量や種類が家ごとに異なり、各家庭で独自の調合法がある。

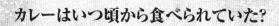

カレーはいつ頃から食べられていた?

インドでは、いつ頃からカレーが食べられていたのでしょうか?

拍子抜けするかもしれませんが、実は、この問いに対する明確な答えはありません。

古代インドでは、紙に記録を書き残すのではなく、口伝(くでん)によって語り継ぐことが習慣になっていました。

典型的なものが「ヴェーダ」でしょう。

ヴェーダとは、前1000年頃から前500年頃にかけて編纂(へんさん)されたバラモン教の宗教経典で、「リグ・ヴェーダ」「サーマ・ヴェーダ」「ヤジュル・ヴェーダ」「アタルヴァ・ヴェーダ」という4種類の区別があります。これらはそれぞれ、賛歌、祭詞、呪詞などを扱う主要部分(本集:サンヒター)と、奥義書(ウパニシャッド)などから構成されています。

ヴェーダは、驚くことに、口伝によって古代インドから現代まで正確に伝えられてきました。

こうした文化のもとでは、生活全般の記録が文字で細かく記述されることはありませんでした。したがって、カレーがいつ頃から食べられるようになったのか、確かな資料といえるものは残っていないのです。

ただし、手がかりがまったくないわけではありません。これについては、後ほど詳しく説明しましょう。

インドにおける食文化の歴史

インダス文明	前3000年頃	●牛、羊、豚の肉、豆類、雑穀類などが食べられていた。
ヴェーダの時代	前1200年頃	●ウコン、ショウガ、ニンニクなどが栽培され、料理にも使われていた。 ●南インドではコショウやカルダモンが栽培されていた。
ブッダの時代	前563〜	●仏教では食の禁忌を設定せず、代わりに食事の"方法"を規定した。 ●修行中のブッダは、村の娘スジャータがつくった乳粥を食べて活力を得る。
マウリヤ朝時代	前268〜	●第3代アショーカ王が全インドを統一。 ●地中海沿岸が原産であるコリアンダー、クミンシード、サフラン、ケシといったスパイスが食生活にとりいれられた。

乳粥は現代のインドでも、甘いデザートとしてよく食べられている。

★スパイスは 5000 年前から使われてきた

カレーの起源が不確かだとしたら、カレーに不可欠なスパイスがインドの食文化に入ってきたのはいつ頃なのでしょうか?

世界 4 大文明の 1 つ、インダス文明の時代には、すでに複数のスパイスが食事に用いられていたことがわかっています。

このうち黒コショウは、前3000年前、つまり今から5000年前から古代人の食生活に登場していました。

やがて古代ローマ帝国の時代になると、インドとの交易において、コショウが重要な輸入品だったと記録されています。

このように異文化との交流が盛んになれば、食の文化も豊かになります。マウリヤ朝の第3代アショーカ王は、インド亜大陸をほぼ統一したことで有名ですが、一方ではコリアンダー、クミン、サフランなど地中海沿岸が原産のスパイスをインドで積極的に栽培させた人物として知られています。

★旅行家の書物に残るカレー (?) の記録

インドで「カレーらしきもの」が食べられていたことがわかる資料があります。

スリランカで5世紀に書かれた歴史書『大史(マハーワンサ)』には、インド北東部のベンガル地方からやって来たウィジャヤ王らが、スーパ(種子などをすりつぶしてつくられたソース)とご飯を合わせて食べていたと記されています。

もっとも、これがカレーの原形だったのかどうかは定かではありません。

14世紀に中国を旅したアラビアの旅行家イブン・バットゥータも、彼の著書『大旅行記』の中で「カレーらしきもの」にふれています。

イスラムの影響	8世紀〜	●アラブの商人やオスマン・トルコの兵隊など異民族がイスラムの食文化をもたらした。 ●サモサやビリヤニができたのはこの頃だといわれている。
ムガル帝国の成立	16世紀	●タンドリーチキンなど現在の代表的なインド料理の原形が生まれたといわれる。
大航海時代	17世紀以降？	●コロンブスが新大陸で「発見」したトウガラシは、ヨーロッパ社会に伝えられ、その後インドにもたらされた。

アショーカ王
（前304〜前232）

マウリヤ朝第3代の王。現在のインド（南端を除く）とパキスタン、バングラデシュを含む領域を支配した。仏教を手厚く保護した王としても知られている。

ゴアにあるイスラム教徒の家で料理を振る舞われ、ギー（インド料理によく使用されるバターオイル）がかけられたご飯やギーと乳製品でつくられた野菜料理を食べたと記しているのです。

また、15世紀に中国（明）の旅行家である馬歓によって書かれた『瀛涯勝覧』（東南アジアやインド洋沿岸諸国について書かれた地誌）には、インド南部でギーをご飯にかけて混ぜたものが食べられていたと書かれています。

★民族の移動とカレーの普及

一方、民族という観点からもカレー誕生のきっかけを探ることができます。カレーの大きな構成要素である米をつくったり、コショウを使用したりする習慣を持っていたのは、現在、東南アジアからインド東部、バングラデシュに散在しているオーストロアジア語族だったとされています。

また、北インドの食事では乳製品が多用されますが、その習慣を持ち込んだのが、現在、チベットからヒマラヤ、中国南西部などに分布しているチベット・ビルマ語族だったといわれています。

南インドで浸透したスパイスが北インドへ広まり、北インドで浸透した乳製品が南インドへ広まり、やがてカレーがインド全体で食べられるようになった背景には、こうした民族の動きも関係しているのでしょう。

ちなみに、乳製品に関しては、こんな話があります。

断食をはじめとした厳しい苦行を続けていたブッダが、スジャータという娘が差し出した乳粥（牛乳で炊いたお粥）を食べて命を救われたというエピソードです。

乳粥は仏典の中に頻繁に登場しており、今でもパーヤサやキ

ールという名でインド料理のメニューとして残っています。

　北インドにおける乳製品の広まりと、どこかで関連している
のかもしれません。

★寺院の碑文に残っていたカレーのレシピ

　本項の冒頭で、カレーについての確かな記録はないと書きま
したが、「手がかり」がまったくないわけではありません。

　歴史学者の辛島昇先生が、その著書『インド・カレー紀行』
(岩波ジュニア文庫)で書かれていた調査結果を紹介しましょう。

　手がかりとは、南インドの２つの寺院に残されている、９世
紀の刻文(碑文)です。ちなみに刻文とは、石や銅板に刻まれ
た文書のこと。

　１つ目は、南インドにあるアンバーサムドラム村の寺院に残
っている刻文です。この刻文に記されているのは、神様への“お
供え”の材料と調理方法。材料には、前述のギーのほか、粗糖
のジャグリ、ヨーグルト、バナナなどが記されているそうです。
このうち「クートゥ」という料理があり、それはヨーグルトと「カ
ーヤム」という調味料でつくると書かれているのです。

　カーヤムの材料が記されているのが、同じく南インドのティ
ルッチェンドゥール村にある寺院の刻文。そこには、調味料の
中にコショウ、ターメリック、クミン、マスタード、コリアン
ダーが入っていると書かれているそうです。そして、これらは、
辛島先生が別の機会に知り合いのインド人に「カレーに欠かせ
ないスパイスは何か?」と質問したところ、答えとして挙げら
れた５つのスパイスだったというのです。

　つまり、９世紀にはカレーに近い食べ物が存在していたと考
えても、あながち間違いではないでしょう。

北インド、南インドのカレーの特徴

インド料理の特徴は、北部、南部、ベンガル、ゴアと、大きく4つのエリアに分けられます。

小麦の文化圏である北インドでは、ナンやチャパティなどのパン類を主食とし、牛乳やバター、ヨーグルトなどの乳製品が使われます。

一方、米の文化圏である南インドでは、米飯を主食としながら、ココナッツミルクや野菜、豆、魚がよく食べられます。菜食主義であるヒンズー教の教義の影響で、野菜料理が豊富であることも特徴の1つでしょう。

また、インド東部のベンガル地方では、淡水魚のスープや煮込み、エビやカニ、サワラやマナガツオなどの海水魚を使った料理がよく食べられます。

ゴアは、かつてポルトガルの支配下に置かれていたため、食文化の面でも強い影響を受けました。現在もキリスト教徒が多いため、ヒンズー教が圧倒的に多いインドでは珍しく、豚肉が食べられることもあります。

スパイスの使い方もエリアごとに特徴があります。

北インドではクミンやシナモン、コリアンダー、南インドではブラックマスタードやカレーリーフが好まれ、ベンガル地方では、クミンやフェンネルなどが入ったミックススパイス「パンチポロン」がよく使われています。

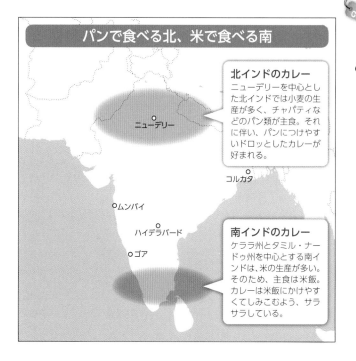

★ドロッとしている北カレー、サラサラしている南カレー

　料理の特色が変われば、カレーのタイプも異なります。小麦が豊富に収穫できる北インドでは、カレーはパンと合わせて食べるのが一般的。

　チャパティ（無発酵の薄焼きパン）を中心にさまざまな種類のパンがありますが、それらはちぎってカレーをくるんだまま口に入れられます。したがって、カレーは必然的に、粘度が高く、パンにつけやすいものに変化していきました。

　一方、南インドでは液状でサラサラなカレーが多く、辛さが際立っているのが特徴です。

31

ベンガル地方、ゴアのカレーの特徴

　ベンガル地方でよく食べられているのは、魚介類のカレー。

　この地域では、コイをはじめとした「淡水魚」が好まれます。

　どこの家庭でも、魚の扱いは慣れたもの。魚を切ったりウロコを取ったりする作業は日常的に行われています。

　例えばコイなら、ザクッと大きくカットした後、独特の臭みを消すためにウコンと塩で下処理し、さらにスパイスを少量入れて煮込みます。こうしてできたスープは、魚の出汁が出て、日本人好みの味付けです。

　ちなみに、ベンガル地方は、南インドとともに米が主食。そのため、カレーは米と一緒に食べられます。

　歴史的な経緯から、ポルトガル料理の影響を強く受けているのが、ゴア。この地域のカレーはクリーミーなソースで、辛さもマイルド。日本人にとっては、非常に食べやすいカレーだといえるでしょう。

★ポルトガルがルーツのビンダルー

　ゴア料理で最も知られているのは、「ビンダルー」と呼ばれる辛味と酸味が効いたカレーです。

　日本のインド料理店でも定番メニューになっているので、食べたことのある人も多いかもしれません。

　ビンダルーは、ポルトガル料理でおなじみの「カルネ・デ・ヴィーニョ・エ・アリョス」(ワインとニンニクを使用した豚肉

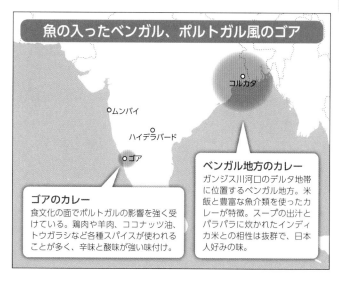

魚の入ったベンガル、ポルトガル風のゴア

コルカタ

ムンバイ

ハイデラバード

ゴア

ベンガル地方のカレー
ガンジス川河口のデルタ地帯に位置するベンガル地方。米飯と豊富な魚介類を使ったカレーが特徴。スープの出汁とパラパラに炊かれたインディカ米との相性は抜群で、日本人好みの味。

ゴアのカレー
食文化の面でポルトガルの影響を強く受けている。鶏肉や羊肉、ココナッツ油、トウガラシなど各種スパイスが使われることが多く、辛味と酸味が強い味付け。

料理)をインドの人々が好むようにアレンジしたもの。実際には、豚肉の代わりに鶏肉や羊肉、ワインの代わりにココナッツ油が使われるほか、トウガラシなどのスパイスがふんだんに入ります。

★カレーづくりに欠かせないギー

カレー料理に欠かせないのが「油」でしょう。

これも地域によって特色が明確に分かれます。

北西インドではおもに溶かしバターのギー (→28ページ) が使われ、東インドではマスタードオイル、ケララ州を中心とする南部ではココナッツ油が使われます。

なかでもギーは、インド国内で生産される牛乳の45％がギーの生産に使われるといわれており、地域に関係なく、カレーづくりに欠かせない油となっています。

「食の禁忌」はカレーをどう変えたか?

インドでは、ヒンズー教をはじめ、イスラム教、キリスト教、シク教、ジャイナ教、仏教など、さまざまな宗教が信仰されています。

このうち信者数が最大なのがヒンズー教。全人口の79.8%を占めているといわれています。次に多いのがイスラム教(14.2%)。これにキリスト教(2.3%)が続きます(外務省統計より)。

ヒンズー教徒は前200〜200年頃に成立したとされる教義「マヌ法典」に従って、牛を聖なる生き物として位置づけています。したがって、牛肉を食べることはありません。

また、ヒンズー教では、イスラム教と同様、豚を「不浄な動物」とみなしているので、豚肉も食べません。

さらに、ニンニク、ニラ、ラッキョウ、タマネギ、アサツキを食べることも禁じられています。

そもそもヒンズー教は不殺生を旨としているので、大多数が菜食主義者です。

厳格な菜食主義者の中には、料理をするときに肉類を調理した器具を使うことを敬遠する人もいるようです。

ただ、こうした厳しい戒律を守っているのは、おもに上位カースト(カーストについては次項参照)のバラモン(僧侶)階級。したがって、階級が下がっていくにつれて、肉食の割合が高くなるといわれています。

各宗教における肉食のタブー

ヒンズー教	イスラム教	ジャイナ教

牛は聖なる存在 豚は不浄な動物	豚は不浄な動物	いかなる生き物も 傷つけてはいけない 厳格な 不殺生主義 (根菜類も NG)

それぞれの宗教では食べてはいけない食材が教義で
定められており、それらはカレーには使用されない。

シヴァ神

ヒンズー教で最も強い
影響力を持つ3大神の
うちの1柱、シヴァ神。
"破壊"を司る。乳白
色の雄牛ナンディンを
乗り物としている。そ
のため、牛はヒンズー
教では神聖な存在とし
て崇められている。

★イスラム教とジャイナ教のタブー

ヒンズー教徒の次に多いのが、イスラム教徒。

イスラム教では豚を不浄の生き物と規定しています。そのため、豚肉は決して口にしません。

豚肉そのものだけでなく、豚の骨や皮などからとったスープ（粉末も含む）も忌避の対象です。

ジャイナ教は、仏教とほぼ同時期に成立した宗教です。

人口割合は0.4％で、決して信徒数は多くないのですが、注目したいのは、その徹底した不殺生（アヒンサー）主義。「いかなる生き物も傷つけてはいけない」という、厳格な戒律が定められています。

牛肉や豚肉など肉食が禁じられているのはもちろん、タマネギやジャガイモ、ニンニクなどの根菜類もNG。掘り起こす際に生き物を殺してしまうおそれがあるからです。

★レストランにも2種類ある

このように、インドでは宗教が人々の生活の深い部分に根ざしています。そのため、料理に使う食材にもさまざまな「制約」が課せられています。もちろん、カレーも例外ではありません。

インドカレーで鶏肉や羊肉、ヤギ肉が使われるのは、宗教上のタブーに抵触しないためです。

また、豆や野菜のカレーが食べられているのは、厳格さの違いはあるものの、多くの宗教で殺生が禁じられていることと関係しています。

実際、菜食主義の立場をとる人は多く、彼らにとってわかりやすいように、飲食店の中には菜食料理と非菜食料理、2種類のメニューが用意されている店もあります。

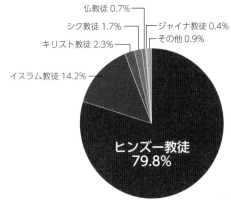

インドにおける宗教人口の割合

仏教徒 0.7%

シク教徒 1.7% ━━━ ジャイナ教徒 0.4%

キリスト教徒 2.3% ━━━ その他 0.9%

イスラム教徒 14.2% ━

ヒンズー教徒
79.8%

※外務省統計をもとに作成。

圧倒的多数を占めるのはヒンズー教。ジャイナ教は、厳格な不殺生主義・禁欲主義で知られる。シク教は 16 世紀にナーナクが創始した比較的新しい宗教。仏教はインド発祥の宗教だが、現在の信者は 1 %にも満たない。

★インド人にとって飲酒は悪徳?

　また、インド社会では「飲酒」が一種のタブーとなっています。

　以前、カレーの調査でインドを訪れたときも、街でキングフィッシャー（ビール）を購入したところ、新聞紙に包んで渡されました。飲酒という行為に対する視線は、それほど厳しいのです。

　これは、宗教上のタブーというよりモラルの問題で、インド人が飲酒を「悪徳」とみなしているから。また、政府による規制が厳しいことも関係しています。もちろん、外国人はホテルなどで自由に飲むことができますが、それでもビールを飲みながらカレーを食べるのは、インドではなかなか難しいようです。

身分制度に縛られる食のルール

広く知られていることですが、インドの社会には「カースト（ヴァルナ・ジャーティ制）」という身分制度があります。

これはインド人の約80％を占めるヒンズー教の制度ですが、今なお人々の暮らしに多大な影響を与えています。

カースト制度で広く知られているのが「ヴァルナ」という4つの階級です。最も高位に位置づけられているのが、僧侶などが含まれる「バラモン」という階級。

2番目が王や戦士などが含まれる「クシャトリヤ」、3番目は商人などが含まれる「ヴァイシャ」、4番目が農作業に従事する人たちが含まれる「シュードラ」です。

これらの階級のさらに下位に位置するのが、ダリット（不可触民）と呼ばれる人たち。彼らは貧しい環境で激しい差別を受けています。

カーストは親から子へと受け継がれ、結婚も基本的に同じ階級内で行われるため、基本的に、生まれながらのカーストを変えることはできません。

★食べ物にも影響を与えるカースト制度

階級は食生活とも密接に関わっています。

ヒンズー教では、食事において「浄性」が問われます。

最高位のバラモンの中には、肉食を「けがれた行為」だとみなし、徹底した菜食主義を貫いている人が少なくありません。

インド社会に今も残るカースト制度

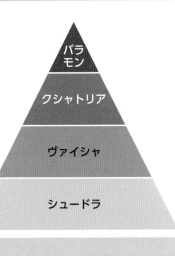

高位

バラモン

クシャトリア

ヴァイシャ

シュードラ

ダリット（不可触民）

下位

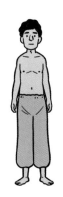

バラモン	クシャトリア	ヴァイシャ	シュードラ
司祭・僧侶	王侯・戦士	商人・平民	労働者・奴隷

ところが、中位のカーストでは鶏肉や魚などを食べます。こうした食習慣は、日々の食事の内容（当然カレーも含まれる）にも強い影響を与えているのです。

★高い階級の人ほど太っている⁉

　カーストが及ぼす影響は、「食べ物」だけに限りません。

　例えばバラモンは、下位カーストの人々がつくる料理を口にしませんし、下位カーストの人が飲んだペットボトルに口をつけることもありません。自分より低いカーストの人と、一緒に食事をすることもないのです。

　同じ皿を使うこともなく、たとえ洗剤で入念に洗われていたとしても「不浄」のものとして扱うという徹底ぶりです。

　調理法でも、考え方は同様。

　インドでは、調理法に「パッカー」と「カッチャー」という2つの分類があり、それぞれで「浄・不浄」の感覚が異なります。「パッカー」に分類される料理は、揚げ物や油煮など油を使った料理で、浄性が強いとされています。

　一方、「カッチャー」は、油を使用しないので浄性が弱いとされます。そのため、バラモンに調理されたものか、同階級の人々に調理されたものでなければ、口にできません。

　この考え方は、各階級の人々の体形にも顕著に反映されています。カーストが上位になればなるほど油を頻繁に使うわけですから、太っている人が多く、下位カーストの人は油を使わないので痩せている人が多いという傾向です。

　その結果、階級の高い人たちに成人病が多いというのは、インドの深刻な社会問題なのです。

カーストの禁止事項

同一階級かそれ以上の階級
の人がつくった料理以外は
食べない。

異なる階級の人とは一緒に
食事をしない。

異なる階級の人が使った食
器は、たとえ洗浄されてい
ても使わない。

誰かがいったん大皿から取
り分けたものは、たとえ口
をつけていなくても他の人
は食べない。

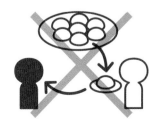

41

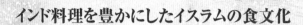
インド料理を豊かにしたイスラムの食文化

　ムガル帝国とは、約330年（1526〜1858年）もの長きにわたってインド亜大陸の大部分（南インドの一部を除く）を支配していた、イスラム系の王朝です。

　初代皇帝のバーブル以降、強大な軍事力を背景に、領土の拡大が推し進められました。17世紀後半、アウラングゼーブの時代に最盛期を迎えますが、18世紀になると、イギリスやフランスの侵攻を受けて弱体化。1858年に滅亡します。

　領土内の人口は、現在の日本と同程度の1億〜1億5000万人だったといわれており、最盛期には中国の明朝と並び、世界屈指の豊かさを誇っていたそうです。

　宮廷は対外的に門戸を開き、他国の文化を柔軟にとりいれていました。その結果、もともとペルシャ（現在のイラン）文化に依存していた宮廷文化がインドで大多数を占めるヒンズー文化や中央アジアの文化などと融合し、独特の文化が形成されました。

　代表的な例がタージ・マハル廟でしょう。17世紀に建てられたこの白亜の霊廟は、インド＝イスラム建築の傑作として世界的に知られています。

★インド料理の源流はムガル帝国

　インドの食文化は、それぞれの皇帝の治世でイスラムから大きな影響を受けました。そして、この変化が現在のインド料理

ムガル帝国の盛衰

1526年、バーブルは北インドに侵入し、デリーを占領。ムガル帝国を建国した。

アグラの東、ジャムナー川右岸に建つタージ・マハル廟は、第5代皇帝シャー＝ジャハーンが愛妃の死を悼んで建設した。

デリー
アグラ

ムガル帝国
（17世紀末）

1857年に「インド大反乱」が勃発。ムガル帝国はこれが引き金となって、1858年に滅亡。

アウラングゼーブ時代の最大版図

の基礎になっているといわれています。

　ムガル帝国は外交的であったため、インドだけでなく、中央アジアやペルシャなどの食材や調理法を受け入れていました。

　その食文化の融合こそがまさにムガル料理であり、現在、国内外でインド料理として認識されているものの多くがムガル料理に起源をたどれるといわれています。

　母方がチンギス・ハーンの子孫といわれる初代皇帝のバーブルは、インドの食べ物に対して「うまい肉もなければ、ブドウ、メロンなどの果実もない」ともらすほど、強い不満を持ってい

ました。

　一方、第3代皇帝アクバルはインド文化との融合を試みます。その結果、ムガル料理の典型とされるビリヤニ（→17ページ）が誕生しました。

　ビリヤニは上品な味付けが特徴で、ピラフに似たペルシャ料理のプラオに、香辛料を効かせた辛い食材をミックスして生まれたもので、今では結婚の祝宴にも頻繁に登場するほど、インドではポピュラーな食べ物になっています。

　また、ペルシャでは、傷んだ肉を有効活用するために細かく刻んで使っていましたが、この細かい肉とスパイスが融合してキーマカレーが誕生したともいわれています。

　第4代皇帝のジャハンギールの時代には、「ローガンジョシュ」という料理が生まれます。これはいわば肉の入ったシチューで、もともとペルシャ料理でした。そこにカシミール地方のスパイスが加わって、独自の進化を遂げたのです。

　シャー＝ジャハンが皇帝の時代に誕生したのは、「ハイデラバードビリヤニ」。これは、香辛料入りのヨーグルトを絡めたケバブ、カレーリーフ、トウガラシ、タマリンド、ココナッツなどで味付けされており、最高級のビリヤニといわれています。

　18世紀になると、イギリスがインドの植民地支配を推し進めます。そして、ムガル帝国の勢力が衰え始めると、各地に一定の自治を認められた「藩王国」が建国されました。その1つである北インドのアウド藩で、ムガル料理はさらに進化します。

　その代表例が「コルマカレー」。アウドの豊かな穀倉地帯で収穫された産物と、同地の人々が好んでいた生クリームを投入してつくられた贅沢なカレーです。

ムガル帝国 歴代の皇帝

在位 1526 ～ 1530

バーブル
- ●「うまい肉もなければ、ブドウ、メロンなどの果実もない」と、インドの食べ物に対する強い不満をもらした。

在位 1556 ～ 1605

アクバル
- ●ビリヤニ（ペルシャ風の炊き込みご飯。ムガル料理の典型）の誕生。
- ●キーマカレー（挽肉にスパイスを加えてつくられたカレー）の誕生。

在位 1605 ～ 1627

ジャハンギール
- ●ローガンジョシュ（ペルシャ風肉入りシチュー）誕生。

在位 1628 ～ 1658

シャー＝ジャハン
- ●ハイデラバードビリヤニ（最高級ビリヤニ）誕生。
- ●コルマカレー（生クリームを使った贅沢なカレー）誕生。

伝統医学が説く食と体の関係

アーユルヴェーダとは、インドで5000年前から伝わる古典医学のこと。最近では、日本でも耳にする機会が多くなったので、聞いたことのある人もいるでしょう。

アーユルヴェーダの「アーユル」とは、生命・寿命の意味で、「ヴェーダ」は学問・知識の意味。人間がこの世に生まれてから亡くなるまでの間、いかに健康に過ごすことができるかを追求した医学です。

なかでも重視されているのが「食」に関する知識。

栄養バランスのとれた食事を続けることの大切さ、つまり予防医学の考え方がアーユルヴェーダの基盤となっています。

★体内のバランスを保つ3つの性質

2世紀頃に医師のチャラカによって再編されたのが、アーユルヴェーダの医学書『チャラカ・サンヒター』。

この書物では、私たちの体には「ヴァータ」「ピッタ」「カパ」という3つのドーシャ（機能、性質）があり、これらのバランスがとれていてこそ、健康が保てるのだと説かれています。

「ヴァータ」「ピッタ」「カパ」の性質は、私たちの体の中だけでなく、食べ物にも見られ、インドではこれら3つのバランスを良好に保つため、料理に何を入れるかが重視されています。

そこで注目されるのが、スパイス。

スパイスは料理の味を整えることはもちろん、健康を保つた

アーユルヴェーダの世界観

カパ（水）

結合、同化
唾液などで食べ物に粘りを与える（結合する）働き

消化、代謝
胃液などで食べ物を消化する（燃焼させる）働き

ピッタ（火）

バランスを保つことで健康を維持できる

運搬、排泄
運動エネルギーによって、食べ物を口から肛門まで運ぶ働き

ヴァータ（風）

体型・体質などの特徴

痩せ型の人はヴァータ体質とされる。ヴァータは食べ物を運搬する働きがあることから、循環器疾患や脳血管疾患などになりやすいといわれている。

中肉中背の人はピッタ体質とされる。ピッタは食べ物の消化作用があることから、胃腸疾患、肝臓、胆臓、膵臓疾患などになりやすいといわれている。

肥満の人はカパ体質とされる。カパは免疫力や体力維持と関わっていることから、肺気管支疾患、ぜんそく、糖尿病などになりやすいといわれている。

めにも重宝されているのです。その意味では、アーユルヴェーダは、「薬食同源」とうたわれる中国の漢方医学に通じるものがあります。

★アーユルヴェーダが推奨する食べ物

アーユルヴェーダでは、人間の体が環境と均衡のとれた状態を保つことが重視されます。

前出の『チャラカ〜』では、湿地帯で暮らしている人間は、体を温めるオオトカゲの肉などを食べるように、また、高原で暮らしている人間は栄養価に優れたインドレイヨウの肉などを食べることが推奨されています。

季節に適した料理を食べることも推奨されており、暑い季節には冷ました乳粥のような冷たい料理、寒い季節には脂身の多い肉を使用した料理が良いとされています。

アーユルヴェーダで一番大切だとされているのは、それぞれの食材に備わっている栄養価を最大限に活かした料理をつくること。これが、インド全土を通じて食の基本とされているのです。

インドでは、「胃の調子が悪いときは、このスパイスで料理をつくる」「頭痛がひどいときには、この食べ物がいい」という知識が浸透していますが、それらはすべて、アーユルヴェーダの考え方にもとづいているのです。

★カレーは胃薬にも頭痛薬にもなる？

よく、「カレーは薬だ」と言う人がいますが、この考え方は決して間違いではありません。

例えば、カレーに用いられるスパイスを『広辞苑』などで調べ

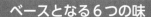
ベースとなる6つの味

アーユルヴェーダでは、下の6つの味をバランスよく摂取することを理想としている。この他、食材を熱いものと冷たいものに分類し、それらを季節ごとにうまくとりいれることを推奨している。

甘　酸　塩

辛　苦　渋

食事のとり方の例

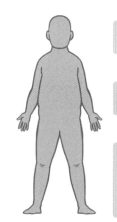

カパ体質の人は太りやすい

↓

油を控えて体を温める

↓

 熟した果物や豆料理、ショウガ、コリアンダーなどのスパイス

 ココナッツ油、ナッツ、バナナ（体を冷やす）

49

ると、クミンは下痢止め、コリアンダーは胃薬、ターメリック
は風邪薬、止血薬、フェンネルは健胃薬などと説明されていま
す。インド人は、このことをよく知っていて、風邪をひいたと
きにはコリアンダー、胃の調子が悪いときにはフェンネルを入
れるなど、カレーに使用するスパイスを工夫するのです。

　実際、日本で販売されている有名な某胃腸薬の成分表を見
れば、カレーに用いられるスパイスをいくつか見つけることが
できます。

　しかし、これは驚くようなことではありません。

　スパイスの多くは、古来より「漢方薬」として日本に入って
きたものだからです。

　そう考えれば、カレー＝薬という考え方もには、それなりの
裏付けがあることがわかるでしょう。

　もっとも、ヴァータやピッタ、カパ、それぞれの属性によっ
て、体が求める食材やスパイスはまったく異なります。

　しかし、カパ体質の人がどんなスパイスをとりいれればいい
のかということは、一般の人にはわかりません。そこで、アー
ユルヴェーダの専門医の指示をあおぐ必要があるのです。

　インドでは、西洋医学の医者100人に対して、アーユルヴェ
ーダの医者は50人いるといわれています。

　日本では西洋医学が主流ですが、インドにおいては西洋医学
の医者かアーユルヴェーダの医者かを状況によって自由に選ぶ
ことができるのです。

「アーユルヴェーダ」の考え方にもとづいたスパイスの調合。「医食同源」の原則はインド人の食文化に深く根付いている。　　　　　　　　　　　　　　　　　[写真：123RF]

スパイスにはどんな効能がある？

コショウ
食欲不振
冷え性
など

クミン
胃弱、腹痛
下痢
など

ターメリック
肝機能低下
風邪
など

ガーリック
疲労回復
むくみ、肥満
など

コリアンダー
胃弱
関節痛
など

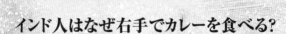
インド人はなぜ右手でカレーを食べる?

　一般的に、インド人はカレーを手で食べます。それも、使うのは右手だけ。

　なぜなら、ヒンズー教では、浄・不浄の観念が深く根付いており、左手を不浄(ジューター)とみなしているからです。

　左手が汚れた時点で不浄というのであればわかりやすいのですが、汚れる前の時点からすでに「けがれている」とみなされているのです。ですから、どれだけ丁寧に石けんで洗って手をきれいにしようが、徹底的に消毒して殺菌しようが、その行為自体に意味はありません。

　左手を使わないのは、衛生面の問題も関係しているようです。インドではトイレで用を足すとき、左手を使って肛門の汚れを落とす習慣があります。もちろん、その後は使った手をきれいに洗うのですが、蒸し暑く菌が繁殖しやすい気候なので、あえて左手を使わないという事情があるのです。

★手食は食事を五感で楽しむため

　インド人が手で食事をするのは、他にも理由があります。

　それは、あらゆる感覚を使って食事を楽しもうとするから。

　目で見て、手でふれ、香りをかぎ、舌で味わう。

　インドでは、このように五感を研ぎ澄ませながら食べることが基本的な食べ方とされているのです。

　もっとも、インドの全土で手食が行われているのかというと、

そういうわけではありません。西洋化が浸透している都市部の人々は、フォークやナイフ、スプーンを使うことが一般的になっています。

★手食する人が減少している今どきの理由

手食の際には、卓上で指先を洗うための道具「フィンガーボウル」が置いてありますが、手でカレーを食べた後の油っぽさはなかなか取り除けません。また、爪の間に入ったカレーも、すぐには取れず、厄介です。

最近では、手食をしないインド人が増えているのだとか。

その理由はスマートフォンです。インドでもスマートフォンの普及率は年々高くなっていますが、確かにカレーのついた手では画面も汚れますし、タップもうまくできません。

カレーは手で食べて五感で楽しむという昔からの食習慣も、スマートフォンの利便性には叶わなかったようです。

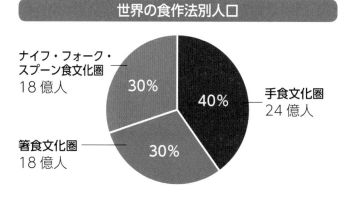

世界の食作法別人口

ナイフ・フォーク・スプーン食文化圏
18億人 — 30%

手食文化圏
24億人 — 40%

箸食文化圏
18億人 — 30%

※『食の文化を知る事典』岡田哲（東京堂出版）をもとに独自に製作。

インド人のように手を使ってカレーを食べるには
どうすればいいのでしょうか？
ここでは南インドのスタイルをもとに、手食をする手順を
ご説明します。

丁寧に手を洗う。

食べたいものを
少しずつとる。
下に敷くのはバナナ
の葉。

カレーをライスにかけて
右の手で混ぜ合わせる。

人差し指、中指、薬指の
第一関節のあたりに
カレーとライスの塊を載せて、
そのまま口のほうに
持っていく。

ライスとカレーを親指を
使って口の中に入れる。
畳んだ親指を伸ばして
押し込むように。

汚れた箇所が指の第2関節
あたりまでなら、合格。
手のひらが汚れるのは、
まだまだ。

パンを使う場合

先端のほうから
細かくちぎる。

食べたい物の上
に載せる。

折り包むように
つまんで口まで
運ぶ。

【 実力派の名脇役!? カレーのつけ合わせ事情 】

カレーのつけ合わせの定番といえば、福神漬けでしょう。ダイコンやナス、レンコン、カブ、シソ、ナタ豆などの野菜を細かく刻み、砂糖や醤油で味付けした漬物で、日本の食卓では長く愛用されています。

福神漬けは、1886(明治19)年、東京・上野の老舗漬物店「酒悦」で初めて販売されました。

その後1902(明治35)年に日本郵船の船内食堂で、チャツネ※の代用品として使用されたことから、カレーのつけ合わせといえば福神漬けというスタイルが定着していったのです。

つけ合わせといえば、ラッキョウも外せません。

中国が原産で、平安時代に薬用植物として日本に伝わったといわれていますが、カレーのお供=ラッキョウという人も多いのではないでしょうか。

最近、目立つのは、ピクルスでしょう。

自家製のピクルスを添えるカレー専門店も増えており、つけ合わせの新定番として人気を集めています。

他にも、レーズンやタマネギ、ガーリックチップ、粉チーズ、ココナッツフレーク、紅ショウガ、スライスアーモンド、たくあんなどがつけ合わせに使われるケースも。

「カレー」にさまざまな種類があるように、カレーにつけ合わせる食材の発想も豊かになっているのです。

※果物や野菜にスパイスを加えて煮詰めたジャム状のもの。南アジアから西アジアにかけて、食べられている。

2皿目

カレーの世界史

世界を魅了した希少な調味料

　本章では、インドで生まれたカレーがイギリスに渡り、その後、世界に広がっていく過程をたどります。

　その前に、カレーを語るときに欠かせない「スパイス」について、基本的な知識を押さえておきましょう。

　そもそもスパイスとは、何なのか？

　ひと言で言えば、「芳香性と刺激性を併せ持つ調味料の総称」だと考えてください。その多くは、果実や花、葉など植物のさまざまな部分から採取されます。

　種類は500種類以上もあるといわれ、食事を通して多くの効果が得られることから、古くから世界中の地域で使われてきました。

　1世紀頃、古代ローマの美食家の著した『料理について』には、スパイスについてこんな記述があります。

　「消化を助け、料理の味わいを増し、ときには食糧の保存にも役立つ」

　スパイスが、ヨーロッパの社会でも古くから重宝されていたことがうかがえます。

　スパイスに対する人々の関心は、中世において急激に高まりました。その代表的な存在が、コショウ（ペッパー）です。

　アジアへの新しい航路の発見は、ヨーロッパ諸国がコショウを競い合って求めた結果だったといっても過言ではありません。

スパイスは植物からできている

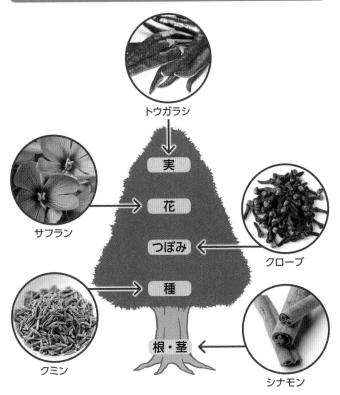

トウガラシ → 実

サフラン → 花

クローブ → つぼみ

クミン → 種

シナモン → 根・茎

[写真：123RF]

スパイスとハーブ、どう違う？

スパイスとハーブには、あまり明確な区別はありません。スパイスもハーブも植物が原料ですし、食べ物を調理する際に使われることも共通しています。ただし、植物学上の分類では、ハーブは、おもにシソ科（ミント、バジル、タイム）、アブラナ科（ワサビ、ルッコラ）、キク科（カモミール、ヨモギ）の植物が多いといえそうです。

★スパイスに秘められたさまざまな効能

古くから重宝されてきたスパイスですが、使用される種類やその位置づけは、国によって異なっていました。

例えば、前章でもふれたように、カレー発祥の地インドでは、スパイスは料理をする上で不可欠なものでした。

肉類を使用しない料理では、スパイスが料理の味を決定するといっても過言ではありません。スパイスがなければ、料理そのものが成り立たないのです。

一方、東南アジア各国では、例外はあるものの、食材さえそろっていれば、スパイスが欠けていても料理にはそれほど影響がありません。

スパイスが、単に肉や魚などの臭み消し、プラスアルファの味付けといった役割で使われているからでしょう。

国によって位置づけが異なるのは、それだけスパイスがさまざまな機能を有しているからです。

ざっと挙げるだけでも、スパイスには、疲労回復、食欲増進、消化吸収の促進、滋養強壮など、健康を維持するためのさまざまな働きがあるとされています。

それだけではありません。料理の色付けや風味付け、抗菌作用など、多種多様な効果があるのです。

スパイスの使い方は、5000年以上の歴史を持つ「アーユルヴェーダ（→46ページ）」でも具体的に定められています。

古代の使用法が、こうして現代にまで伝えられているという事実は、驚くべきことではないでしょうか。

カレーに使われるスパイス

ローリエ
別名は月桂樹。清々しい芳香と少々の苦みがある。香り
をつける働きのほか、肉類や魚類の臭みを消す働きも併
せ持つ。
主産地 ギリシャ、トルコなど。

ナツメグ
甘く刺激的な香りと少々のほろ苦さがある。挽肉を使っ
た料理や乳製品を使った料理、野菜、焼き菓子などとの
相性が良く、カレー以外にも広く使用されている。
主産地 インドネシア。

スターアニス
強くて甘い独特の香りを持つ。古くから石けん、歯磨き
粉などの香料としても使用され、17世紀の西洋ではシ
ロップやジャムにも使用されていた。
主産地 中国。

ジンジャー（ショウガ）
さわやかな香りと辛味があり、料理の風味付けとして使
われている。中国では、全漢方薬の約半分に配合されて
いたという説もあり。
主産地 中国、ベトナム、日本。

※これ以外のスパイスについては18ページをご参照ください。

インドの市場に並ぶスパイス
スパイスは中世ヨーロッパにおいて高
値で取り引きされる貴重品だった。

[写真：123RF]

中世ヨーロッパが渇望したコショウの実

スパイスが、世界史の中で重要なアイテムとして登場するのは、中世のヨーロッパです。

当時の人々にとって、スパイスは大変な贅沢品でした。富裕層や権力者たちは、自らの力を誇示するために、ステータスとしてスパイスを所有していました。

なかでもとくに取り引き量が多かったのが、コショウです。

高い防臭・防腐効果があり、肉の味付けにも役立つコショウは、発汗作用や胃腸機能の向上作用があるなど、医学的にも高く注目されていました。

おもな原産地は、インドの東海岸や東南アジアのスマトラ島など。アラブ商人や地中海地域の商人たちは、このコショウを入手するために、10世紀頃から遠く東南アジアまで遠征していたといわれています。

ちなみに、同じ東南アジアのモルッカ諸島で生産されるクローブやナツメグなども、肉の臭み消しなどに重宝され、ヨーロッパの人々が渇望した香辛料でした。

★コショウは金銀と並ぶ超高級品だった!?

コショウにまつわるエピソードは、いくつも残されています。インド航路が見つかるまで、コショウはその希少性ゆえ、高値で取り引きされ、1ポンドのコショウで農奴を自由に買い取ることができたといいます。

中世ヨーロッパで珍重されたコショウ

中世の農奴はコショウ1ポンド（約453.6グラム）で
自由を買い取ることができた。

コショウ　　　　　　　　　農奴

14世紀に描かれたコショウの収穫風景。フランス語版『東方見聞録』より
[写真：フランス国立図書館]

また、時代は遡りますが、408年、西ゴート族を率いるアラリックは、ローマ市を包囲した際、侵略を中止する代償として金、銀に加え、コショウを要求しました。

　ヨーロッパにおいて、コショウがどれだけ特別だったかがわかるエピソードです。

★コショウは役人の給料だった !?

　13世紀初め、北イタリアの諸都市では、イスラム商人との東方貿易（レヴァント貿易）を通じて、アジアの香辛料を手に入れていました。

　とくに大きな利益を得ていたのが、北イタリアの都市ヴェネ

中世の香辛料貿易のルート

ロンドン　ブルージュ

ヴェネツィア

コンスタンティノープル

地中海

アンティオキア
ティルス

ペルシ

バクダード

バスラ

アレクサンドリア

カイロ

エジプト

アラビア

アデン

※「The Spice That Built Venice」（Smithsonian.com）の図をもとに独自に作成。

64

ツィアです。ヴェネツィアは、第4回の十字軍（1202〜1204年）
を主導します。そして、商業圏を拡大するために、当初の目的
地イェルサレムではなく、コンスタンティノープルを陥落させ
ました。そして、これ以降、ヴェネツィアがコショウの貿易を
独占するようになるのです。

　当時、ドイツでは 役人の給料をコショウで支払っていたとい
う記録が残っています。また、イギリスでは、地主が小作人に
地代をコショウで支払うように命じたともいわれています。こ
のことから、コショウの存在がいかに中世のヨーロッパで重視
されていたのかが、よくわかります。

　ヴェネツィアでは、香辛料に関する秘密が外部にもれないよ
うに役人が万全の策をとっており、他国の人間を市場からシ
ャットアウトしていました。

　当時、ポルトガルの人々も香辛料を求めて東方進出を試み
ていましたが、こうしたヴェネツィアの手口には強い不満を持
っていたようです。貴重なコショウを独占されることが面白く
ないのはもちろんのこと、ヴェネツィア商人たちが、キリスト
教徒が敵視しているイスラム教徒と直接取り引きしていたこと
にも不満を募らせていました。

インド

コショウ
カリカット

シナモン

ジンジャー

クローブ

コショウ

ナツメグ

インド洋

ポルトガルによるインド航路開拓

　中世ヨーロッパの人々が切望していたのは、イスラム商人たちの仲介を経ずに香辛料を手に入れることです。そのためには、海路でインドに達する必要がありました。

　15世紀に活躍したポルトガルのエンリケ航海王子は、東方の航路開拓に強い意欲を示していました。しかし、エンリケは目的を果たせぬまま、1460年にこの世を去ります。

　その後、1498年にポルトガルの冒険家であるヴァスコ・ダ・ガマが、アフリカ大陸の南端を回って、インドのカリカットに到着。ついにインド航路を開拓します。

　ガマは帰国する際にカリカットの領主から手紙を預かります。そこには、自分たちがコショウなどを生産できる事実を認める記述のほか、ポルトガルに対して黄金や珊瑚などを求めたいということが書かれていたそうです。

　しかし、カリカットの領主はすでにアラブ人商人との間でコショウの取り引きをしていたため、ガマの入る余地はありませんでした。そこで彼は、帰国後、武装して再びインドに向かい、コーチンを制圧。のどから手が出るほど欲していたコショウを手中におさめたのです。

　1510年には、ポルトガルはゴアに軍事基地を建設します。当時、ポルトガルの拠点は、南アフリカ、ペルシア湾、インド、インドネシア、日本と世界各地に点在しており、ゴアはそれらの基地の中継地点として機能しました。

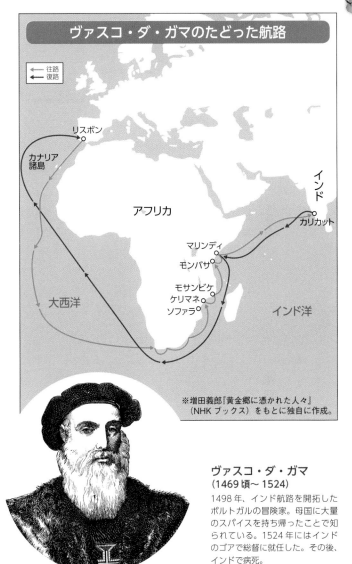

ヴァスコ・ダ・ガマのたどった航路

← 往路
← 復路

リスボン

カナリア諸島

アフリカ

インド

カリカット

マリンディ
モンバサ

モサンビケ
ケリマネ
ソファラ

大西洋

インド洋

※増田義郎『黄金郷に憑かれた人々』
　（NHKブックス）をもとに独自に作成。

ヴァスコ・ダ・ガマ
(1469頃〜1524)

1498年、インド航路を開拓したポルトガルの冒険家。母国に大量のスパイスを持ち帰ったことで知られている。1524年にはインドのゴアで総督に就任した。その後、インドで病死。

［写真：iStock ©TonyBaggett］

67

世界を席巻したトウガラシ

　1492年、イタリアのジェノバで生まれた探検家コロンブスは、コショウを安価で取り引きできる場所を求めて、スペインの港を出航しました。彼が目指したのは、西回りの航路。西に向かえば、「インド」に到達できると信じていたのです。

　ところが、彼が到達したのはインドではなく、カリブ海の島でした。ここでコロンブスは、見たこともない香辛料で辛く味付けした料理を食べている人たちを目にします。

　その香辛料は、「アヒ」と呼ばれていました。

　これが、のちにカレーに強烈な辛さを与えることになる香辛料、トウガラシだったのです。

　コショウを追い求めていたコロンブスは、このアヒのことをコショウと勘違いし、ペッパーと名付けました。当時の航海日誌には「アヒは先住民にとってコショウのようなものである」と記されています。

　トウガラシは医学的な特性があったことで注目を集めました。1570年代のスペインの医師による文献には、ガスを解消するため、胸にとっても良く、冷え性の体質にもよく効くといったことが記されていたそうです。

　コショウも医学的な特性があるとされていますし、辛味があるという点でもよく似ています。コロンブスがコショウの一種だと思い込んだのは無理もないでしょう。

　トウガラシがヨーロッパに普及する上で、大きな役割を果た

新大陸を「発見」したコロンブス

クリストファー・コロンブス
（1451 ～ 1506）

イタリア生まれの探検家。地球が球形であると信じて、西回りでアジアに到達しようと目論んだが、実際にたどりついたのは、現在のバハマ諸島。自分が到達した土地を最後までインドだと信じたまま、亡くなった。　　　［写真：123RF］

したのがチャンカという名の医師です。1493年の2回目の航海時にコロンブスに同行し、帰国後に西インド諸島のあらゆる部族が食べていたものを記録。根ショウガやパラダイスプラム、トウモロコシといった食べ物を記していく中で、トウガラシに注目します。トウガラシが魚や鶏肉に辛味を加えるために使用されていたことや、トウガラシの種類が無数に存在していたことなどを記していました。

　また、コロンブスは前述した航海日誌に、「私たちがリンゴを食べるようにして、カリブ族やインド人はこの果実を食べている」と記しており、いかに彼がトウガラシから強いインパクトを受けていたかがうかがえます。

★世界中に広まったトウガラシ

　コロンブスが新大陸から持ち帰ったトウガラシは、いったん、忘れ去られてしまいます。しかし、その後、ポルトガル人がブラジルから持ち込んだ別の品種がヨーロッパに受け入れられ、その

後、ポルトガルの交易航路を通じて世界に広がっていきました。

　中国の四川料理では麻婆豆腐に、朝鮮半島ではキムチにトウガラシが使用されていますが、すべてはこの時代に伝わったといわれています。

　インドにトウガラシが伝わったのも、この時期です。トウガラシが伝わる前、インドではコショウを使って辛味を出していましたが、料理に辛さを追求する素地がもともとあったのでしょう。トウガラシは料理に不可欠なスパイスとしてインド人の食文化に一気に浸透していきました。今やトウガラシがカレーに必須のスパイスになっていることは、ご存じの通りです。

　では、東南アジアにはどんな経緯で伝わったのでしょうか。

　先述したように、ポルトガルは1510年にインド南西部のゴアを占領しました。その翌年の1511年、ポルトガルはアユタヤ朝（現タイ）に外交使節を送っています。トウガラシは、このときに伝わったと考えられています。

　トウガラシはアフリカでも普及していきましたが、その伝播のスピードは非常に速かったといわれています。

　その理由は、「奴隷制度」です。

　ポルトガルの奴隷商人たちは、奴隷の「代金」の一部をトウガラシで支払っていました。16世紀末頃、奴隷商人たちは、遠方まで積極的に行動範囲を広げていきますが、その結果、トウガラシも急速にアフリカ全土に広まっていったのです。

　ところで、トウガラシは、なぜこのように世界中に普及したのでしょうか？

　最大の理由は、手間や費用をかけずに栽培できることが挙げられます。インドでは、16世紀になると、黒コショウなどの栽培量を上回るようになり、非常に重宝されたそうです。

代表的なトウガラシの品種

ブートジョロキア
インド北東部が原産。2007
年に世界一辛い品種として
ギネス認定された。

タバスコペッパー
タバスコソースの原料として知られる。
果肉が厚く、丸みを帯びた形が特徴。

プリッキーヌー
おもにタイ料理に使用される。2〜3
センチと小ぶりだが、強烈な辛さ。

[写真：123RF]

★日本にはジャガイモとともに……

1543年、種子島にポルトガル人を乗せた中国船が漂着します。いわゆる、鉄砲伝来です。これは、日本人とポルトガル人の最初の接触でした。それから10年も経たないうちに、ゴア、マカオ、長崎を結ぶ定期航路が開かれます。

イエズス会最大の拠点はゴアにありましたが、そこからやって来たカトリックの修道士が、トウガラシや精製糖といった食材を日本に持ち込んだそうです。

余談ですが、このとき、ポルトガル人によって、食材に衣をつけて油で揚げる料理法が伝えられました。それが今の「天ぷら」の起源です。

ヨーロッパ人はカレーをどう記録したか

　16世紀後半の書物から、ヨーロッパ人が初めてカレーと出合ったエピソードを見つけることができます。

　インドで植物や香料の研究をしていたポルトガル人の医師ガルシア・ダ・オルタは、1563年に出版した著書『インド薬草・薬物対話集』の中で「インド人が"カリール"という料理をつくる」と記しています。これが、ヨーロッパの文献に登場する最初の「カレー」です。

　オランダ人の旅行家ヤン・ホイフェン・ヴァン・リンスホーテンは、1595〜96年に出版された著書『東方案内記』の中にカレーのことを書き残しました。

「魚はたいていスープで煮込み、米飯にかけて食べる。この煮込み汁をカリール（caril）という」と説明。味については、「やや酸味があって、クライス・ベス（酢ぐりの一種）か未熟なぶどうでも混ぜたような味」と記述。「なかなかおいしい」と結んでいます。

　イギリス人の医師ロバート・ノックスは、17世紀に発表した『セイロン島誌』で、「彼ら（現地人）は果実を煮て、ポルトガル語で言うカレーをつくる。これは何かご飯と一緒にして、かけて食べるためのものである」と書きました。

　これらのうち、最も詳細に書かれているのがリンスホーテンの著書ですが、「酸味」と「未熟なぶどうを混ぜたような味」と表現していることから、現在のカレーとはかなり異なる料理であったことがわかります。

カレー（?）をヨーロッパに紹介したリンスホーテン

リンスホーテンは、『東方案内記』という著書にインド人が米に
煮汁をかけた料理を「カリール」と呼んでいると書き残した。

ヤン・ホイフェン・
ヴァン・リンスホーテン
（1563 ～ 1611）

オランダ北部の都市ハルレムに生
まれる。インドのゴアに渡航し、
当時のヨーロッパでは知られてい
なかったアジア各地の地理や歴
史、民族などの情報を収集。それ
らをまとめた著書『東方案内記』
は、オランダがインドへ進出する
ための貴重な資料となった。

[写真：Wikimedia Commons]

73

「カレー」はヨーロッパ人の勘違い?

「カレー」という言葉の由来には、諸説あります。

有力なのは、タミル語で「スパイスで味をつけた野菜や肉の炒め物」を意味する「カリ(kari)」や、カンナダ語で同様の意味を持つ「カリル(karil)」が語源だとする説。

リンスホーテンが報告しているように、インド人は、米飯にかける汁状のもの(煮汁)をカリやカリールと呼んでいました。しかし、ヨーロッパ人は、これを料理名だと勘違いして、そのまま広まってしまった、という説です。

また、ヒンディー語で神に供える野菜ご飯のことを「カリ・アムドゥー」、香りの良いものを「ターカリー」と呼びますが、これらが語源だという説もあります。

★インドに「カレー」はない?

「カレー」という料理は、インドにはありません。インドでは、どんな料理にもマサラという混合香辛料を使うので、日本人にはすべてカレーのように感じますが、それぞれ、異なる名称がつけられています。

ヨーグルトをベースにした煮込み料理はコルマ、羊肉をトマトとヨーグルトで煮込んだ料理はローガンジョシュという具合。

今では、インド人も家庭でつくる煮込み料理全般を「カレー」と呼ぶことが多くなっていますが、それがヨーロッパ人の勘違いが原因なら、面白いと思いませんか?

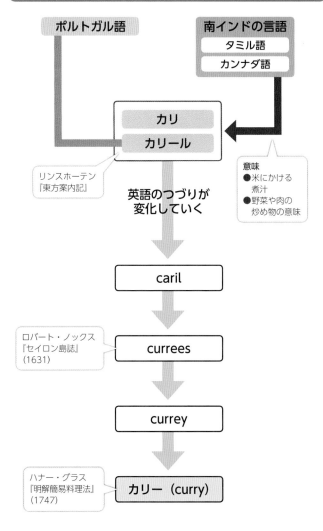

カレーが curry になるまで

ポルトガル語

南インドの言語
- タミル語
- カンナダ語

カリ
カリール

リンスホーテン
『東方案内記』

意味
- 米にかける煮汁
- 野菜や肉の炒め物の意味

英語のつづりが
変化していく

caril

ロバート・ノックス
『セイロン島誌』
(1631)

currees

currey

ハナー・グラス
『明解簡易料理法』
(1747)

カリー（curry）

※『カレーライスと日本人』（講談社学術文庫）、『インドカレー伝』（河出文庫）をもとに作成。

イギリスはインドをどのように支配したか

カレーがヨーロッパに広まっていった背景には、イギリスによるインド支配の進行が密接に関わっています。

イギリスは1600年に東インド会社を設立してインドにおける基盤を築くと、東海岸と西海岸に交易場を建設するなど、徐々に勢力を拡大していきました。

1744年頃からは、同じくインド進出を図っていたフランスと覇権を争うことになります。フランスは"新大陸"アメリカでもイギリスとの勢力争いを繰り広げていました。

そして1757年、イギリスはインド東部のベンガル地方で繰り広げられたプラッシーの戦いでフランスを撃破します。これによってイギリスは、インドでの植民地支配における地位を不動のものとしました。

イギリスは、1797年にはポルトガル領だったゴアを攻略して手中におさめると、その後17年間にわたって同地を占領しました。

ビンダルー（酸味の効いたポークカレー）をはじめとしたゴア料理のレシピは、イギリス人がゴアを撤退する際に料理人を引き連れていったために、イギリス本国に伝えられたといわれています。

★ムガル帝国の滅亡とイギリスによる統治

19世紀を迎える頃、インドには、数千人を超える東インド会社の社員が駐在していました。

プラッシーの戦い
イギリスの東インド会社軍が、同じくインドに進出していたフランス軍とベンガル土侯連合軍を破った戦い。この勝利によって、イギリスのインドにおける地位が確立された。
［写真：iStock ©duncan1890］

しかし、東インド会社は、自由貿易政策の結果、1833年にはインドにおける独占貿易権を失ってしまいます。

やがて、1857年から58年にかけて、北インド全域に起こった民衆反乱によって、ムガル帝国は滅亡。インドはイギリス政府に支配されることになります。

1858年に東インド会社が解散に追い込まれたことなども影響し、イギリス人のインド人に対する態度は徐々に変わっていきます。イギリス人がインド人の服を着用することは禁止され、インドに対する支配意欲も高まっていきました。

1877年には、イギリスのヴィクトリア女王がインド女帝の称号を獲得。インドは「インド帝国」となり、1947年に独立する

までインド亜大陸の約60%がイギリスの領土となったのです。

　インドにおいて、イギリスの領土と行政機関は「ラージ」と呼ばれていました。北西部のパンジャブや中央部のアウド王国などの行政区もこの中に含まれており、地方の支配者が統治する藩王国は、実質的にはイギリスの言いなりでした。

★イギリスの世界進出を支えたインド人の力

　インドでは、インド人勢力同士の争いやヨーロッパ勢力とインド人勢力の争いなど、ありとあらゆる争いが勃発していましたが、最終的にイギリスがインドを植民地化できたのは、イギリスが他のヨーロッパ諸国よりも、軍事力、財政力などに優れていたからだといわれています。

　また、イギリスがインドという広大な領土を、安定的かつ長期的に支配できたのは、ベンガル地方におけるディワーニー（徴

インド大反乱
1857年にインド北部のメーラトで、シパーヒー（東インド会社が編成したインド人の傭兵）が蜂起。それがインドの北部、中部に拡大し、大規模な民族的反乱となった。結局、反乱軍はイギリスによって鎮圧されるが、インド人にとっては民族独立運動の原点となった。
［写真：Wikimedia Commons ©Granger］

税権)の獲得以降といわれています。

　なぜなら、ベンガル地方から得られた膨大な財政収入が、南インドでフランスと対峙したカーナティック戦争などにおいて、財政面で余裕をもたらし、これによって戦力を維持することができたからです。

　インド亜大陸全体を植民地化していた頃のイギリスは、世界各地に領土を持ち、政治的支配力を強化していました。

　また、工業生産力、情報集積力などにも優れており、強大な国家として君臨していました。「太陽の沈まない国」と呼ばれたのも、この頃です。その繁栄を下支えしていたのが、インドからの送金であり、インド人たちのイギリス軍への参加だったのです。

★インド文化を尊重したイギリス人

　イギリスは、インドを植民地化するにあたり、インドの文化に関心を持ち、受容しようとしました。

　もちろん、ヨーロッパの文化を押し付ける場面もありましたが、それでも、彼らの文化を全面的に否定することはなかったのです。

　実際、東インド会社で働いていたイギリス人商人たちは、インドの料理を食べ、インドの言葉でコミュニケーションをとり、インドの服を着用し、インド人の女性を妻や愛人にするなど、インド人の生活を模倣していたといいます。

　インドを植民地化していく過程で、インド人の文化を尊重する意識がイギリス人にあったことは、イギリスをはじめ、世界各地にカレーが普及する流れを促していたと考えることもできるのではないでしょうか。

カレーをイギリスにもたらした人物とは?

　17世紀に東インド会社が設立され、インドの貿易や植民を独占的に行うようになると、現地では多くの駐在員が滞在することになりました。

　インド人の妻を娶り、現地の文化に溶け込みながら生活を送る彼らは、「アングロ・インディアン」と呼ばれるようになります。アングロ・インディアンたちは、インド人の料理人がつくるカレーをライスとともに日常的に食べ、そのカレーを帰国後も欲するようになります。「あの辛い料理がまた食べたい」と考えるようになったのでしょう。

★カレーに必須の混合スパイスがイギリスに

　東インド会社の社員で、初代インド総督も務めたウォーレン・ヘイスティングズも、イギリスでカレーを食べたいと考えた1人でした。彼はインドからイギリスにスパイスの混合粉末を持ち帰った最初の人物だといわれています(諸説あり)。

　インド赴任中に食べた料理の味をイギリスで忠実に再現しようとしたのでしょう。

　しかし、インド人のようにそのつどスパイスを調合することはできない。そこで、あらかじめブレンドしたものを持ち帰れば、いつでもカレーがつくれると考えたのです。

　カレーはその後、クロス・アンド・ブラックウェル社によってイギリス人の好みに合うように調合し直されました。それが、

後述するC＆Bのカレー粉です。

★カレーをアレンジしたイギリス人

　イギリス人は、ピーナッツ、ココナッツ、キュウリ、ピクルス、フルーツチャツネなど、さまざまなつけ合わせを添えることによって、カレーの味付けを自分たちの好みに合うようにつくりかえました。

　カレーはイギリスの上流階級向けの料理として定着しましたが、やがて中流階級や労働者階級の食卓にも広まり、大人気料理となっていくのです。

WARREN HASTINGS.

ウォーレン・ヘイスティングズ
（1732 ～ 1818）

東インド会社の社員で、ベンガル知事や初代インド総督を歴任。カレーの原料となるスパイスの混合粉末と米をイギリスに持ち帰ったといわれる。

［写真：iStock ©duncan1890］

世界初のカレー粉

カレーパウダーという大発明

　ヘイスティングズがスパイスを持ち帰ったことによって、イギリス人の間でも、徐々にカレーが浸透していきました。

　このカレーを"粉末"にして、世界で初めて売り出したのが、クロス・アンド・ブラックウェル社（通称C＆B社）の「C＆Bカレーパウダー」です（発売年不明）。

　スパイスを固めて手軽に持ち運べるようにした"カレーの素"は、その後、ヴィクトリア女王にも献上されました。そして、イギリスはもとよりヨーロッパ全土に広がっていったのです。

　当時、カレー粉に含まれていたスパイスの中で、中心的なものが「ターメリック」でした。

　イギリスのターメリックの輸入量は1820年以降の40年で3倍に増加したといわれています（『インドカレー伝』河出文庫）。いかにカレー粉がイギリスの食卓に急速に広がっていったのかがわかるでしょう。

　ちなみに、イギリスの料理本に最初にカレーが登場したときには、カレー粉に関する記述はありませんでした。

　しかし、1810年に刊行された『ニュー・ファミリー・ハーバル』には、ターメリックの紹介とともに、「カレーパウダー」という言葉を見つけることができます。

　1850年以降、イギリスの料理本には多数のインド料理が紹介されるようになりますが、そのほとんどのレシピに「カレーパウダーを1さじ入れる」という記述があります。

クロス・アンド・ブラックウェル社から発売された、世界初のカレー粉「C & B PURE CURRIE POWDER」。フランスでも愛用され、料理にカレー風味をつけるために使われた。
[写真：ネスレ日本]

　ただし、このパウダーとC＆Bカレーパウダーに関連があるかどうかは、よくわかっていません。

★日本でも純国産カレー粉が誕生

　C＆Bカレーパウダーは、19世紀の後半にはすでに日本に輸入されていました。

　明治から大正期にかけて、このカレー粉をもとに、日本人の口に合うオリジナルのカレー粉をつくろうという動きが高まります。

　そして、1905（明治38）年、大阪の大和屋（当時）が「蜂カレー」を発売し、これが初めての国産カレー粉となるのです（→142ページ）。

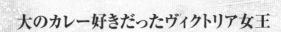
大のカレー好きだったヴィクトリア女王

1877年、イギリスのヴィクトリア女王が「インド皇帝」の称号を名乗り、これ以降、インドはイギリスに直接支配されることになりました。

ヴィクトリア女王の治世下で、イギリスは領土を大幅に拡大し、かつてない繁栄を謳歌します。

ヴィクトリア女王は、衣・食・住など、さまざまな面で、インドの文化にすっかり魅了されていました。

自宅にはインドの家具を並べ、壁にはインドの風景が描かれた絵画を飾っていたほか、インドのカレーがお気に入りで王室の厨房で調理させていたそうです。

イギリスに住みながらも、インドで長年暮らしてきたかのような生活をしていたことが想像できます。

ただ、女王自身は一度もインドを訪れたことがありませんでした。それでも、イギリスからはるか彼方の地に思いを馳せ、まだ見ぬインドへの愛を貫いていたのです。

19世紀後半、イギリス国内ではインドに対する関心が高まっていました。ロンドンで行われたインド帝国博覧会では、インドから輸入された物品が展示されるなど大盛況だったそうです。

女王だけでなく、イギリス全体がインドに大きな関心を持ち、その魅力に引き込まれていったのです。

カレーがイギリスの食文化に深く浸透したのは、こうした背景も関係しているのかもしれません。

イギリスの輝かしい時代を築いたヴィクトリア女王

イギリスの領土を10倍に拡大
最盛期には地球上の全陸地の4分の1が
イギリスの支配下だった。

"ウェディングドレス"の生みの親
純白のウェディングドレスの元祖。
自身の結婚式で着用したものが上流階級に
流行した。

在位年数は63年7カ月
エリザベス2世（1952～）に抜かれるまで、
イギリス王室史上最長の在位期間だった。

9人の子どもに恵まれた
4男5女を産み、ヨーロッパ各地の王室に
嫁がせた。孫は40人、曾孫は37人。

【参考サイト】
「偉人たちの最期」雅セレモニー
https://www.miyabi-sougi.com/topics

ヴィクトリア女王
（在位 1837～1901）

大英帝国の最盛期を築いた女王。「C&B カ
レーパウダー」を献上された女王は、これを
大変気に入り、以後カレーは上流階級に浸透
していく。

[写真：Wikimedia Commons ©Alexander Bassano]

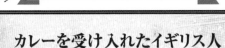

カレーを受け入れたイギリス人

　遠いインドの地で生まれたカレーをイギリス人はどうやって受け入れたのでしょうか？

　18世紀末、イギリス人の間ではすでに「カレー」という言葉が浸透していたといわれています。

　この頃にはインド料理のレシピを掲載した書籍が出回っており、例えば宮廷で軍医総監を務めたロバート・リッデルは、著書『インドの家政とレシピ(Indian Domestic Economy and Receipt Book)』の中でカレーのつくり方について言及しています。

　カレーは汁気の少ないものと多いものがあると説明しているほか、肉や魚、野菜などを材料として炒め、後でスパイスなどを決められた割合で加えると記述しています。

　また、カレーの味は、スパイスの割合だけでなく、トウガラシとショウガを加えたときの辛さによって決まるとも述べています。

　リッデルの著書以上に人々に影響を与えたのが、ケニー・ハーバート大佐の著書『マドラス料理の覚書(Culinary Jottings for Madras)』(1878年)です。

　ハーバート大佐はフランス料理に精通していたそうですが、伝統的なフランス料理であるフリカッセやブランケットという料理に必要な細やかな配慮、手間暇をかけることが、カレーにも必要だと感じていました。

レシピには、カレーの味わいの決め手となるものとして、タマリンドやジャッガリー（ヤシの樹液からつくられる未精製の赤砂糖）から出る、ほんのりと甘酸っぱい風味を挙げています。

ヴィクトリア女王に仕えていた料理長であった、チャールズ・フランカテリも、カレーのレシピを載せた『労働者階級のための簡単な料理の本（A Plain Cookery Book for the Working Classes）』（1852年）を発表しています。

★インド料理を初めてイギリスに紹介したレシピ本

ちなみに、イギリスの料理本の中でインド料理を初めて掲載したのは、18世紀の料理作家ハナー・グラスの執筆した『明解簡易料理法（The Art of Cookery made Plain and Easy）』という本でした。

この本は発売以来ベストセラーとなり、何版か出版される中で、ウサギのカレーなどのほか、プラオ（スパイス入り炊き込みご飯）やインドのピクルスのつくり方なども掲載されていたようです。

イギリスでは、シチューに入れる肉の調理方法が下層階級のものとして扱われていましたが、当初はカレーもシチューと同じ類の料理とみなされていたため、見下されていたようです。

しかし、カレーが広まるとともに、残り物の肉を使い切る料理として最適だともてはやされるようになりました。

インド人とともに世界に広まったカレー

19世紀に入ると、イギリスでは、人道上の理由から奴隷制度を廃止しようという動きが生まれます。

当時は、西インド諸島の砂糖農園などの労働力として、おもに西アフリカから黒人奴隷が強制的に連れてこられる奴隷貿易が盛んで、大きな社会問題になっていました。

廃止の動きは、当然、植民地の地主からの猛反発を受けましたが、それを排除する形で1807年に奴隷貿易、1833年に奴隷制度自体が廃止されたのです。

もっとも、奴隷制度が廃止されると、必然的にサトウキビを栽培する労働力が不足します。そこで、モーリシャス、トリニダード・トバゴ、ガイアナ、ケニア、南アフリカといったイギリスの植民地だった国々に、契約労働者としてインド人を派遣し、働かせるようになりました。

インド人労働者たちは、生活に必要な最低限の衣料や食品などを与えられ、植民地での一定期間の勤務を終えた時点で、移住先の土地または自国へ帰るための渡航券のどちらかを受け取れるようになっていました（実際には契約が履行されないケースが多かった）。

この奴隷制度廃止をきっかけに、インド人が世界各地へ散らばり定住することになりますが、それと同時に「カレー」も世界各地に広がっていったのです。

17〜18世紀に行われた三角貿易

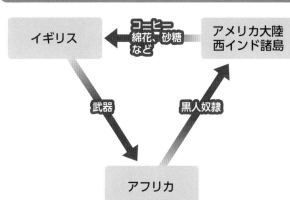

イギリス ←─ コーヒー、綿花、砂糖など ─ アメリカ大陸 西インド諸島

武器

黒人奴隷

アフリカ

奴隷たちが収容された船の内部。西アフリカの黒人たちは、奴隷商人の手によって、強制的に西インド諸島やヨーロッパ諸国、アメリカ本土に送られた。
[写真：Wikimedia Commons ©Luciana Mc Namara]

★世界各地に移住したインド人

1834年、インド洋西部のモーリシャス（1814年にイギリス領）に到着したインド人たちが最初の契約労働者といわれています。それから1917年に労働者の派遣が終了するまでの間、実に約150万人もの人たちが、インド以外のイギリスの植民地に移住していきました。

ギアナ（現ガイアナ）に移住したインド人が約24万人、トリニダード・トバゴへは約14万4000人、ジャマイカに約3万6000人、南アフリカには約15万人が移住したとされています（『「食」の図書館　カレーの歴史』原書房）。

また、イギリスはフランスやオランダと、双方の国の植民地に労働者を送る制度を策定します。その結果、世界のあらゆる地域にインド人が移住していくことになりました。

★インド人が現地料理に与えた影響

移住したインド人たちは、行く先々に本国の食事を持ち込みました。慣れない土地に住むのに、少しでも快適に暮らそうとしたのでしょう。そのために、現地の食材を使って、インドの食文化を再現したのです。

こうした流れの中で、カレーをはじめとしたインド料理が、各地で徐々に浸透していきました。

例えば、トリニダード・トバゴには、インド系以外にもアフリカ系、中国系の人々も多く住んでいますが、食文化はインド料理の影響が強いといわれています。

インドの食文化は調理法にも色濃く影を落としています。

トリニダード・トバゴの料理で使用されるスパイスは、ターメリックやコリアンダー、クミン、フェヌグリークなどが中心

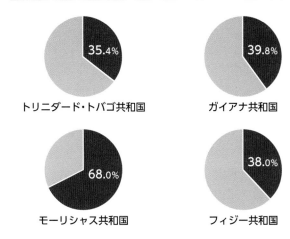

現在のインド系国民の割合

35.4%	**39.8%**
トリニダード・トバゴ共和国	ガイアナ共和国
68.0%	**38.0%**
モーリシャス共和国	フィジー共和国

※『「食」の図書館 カレーの歴史』(原書房)、外務省などの統計をもとに独自に作成。

ですが、これもインド人が頻繁に用いるスパイスで、インドの食文化が根付いていることがうかがえます。

また、トリニダード・トバゴのカレーは、鶏肉(ヤギの肉)や魚をニンニクやタマネギ、トウガラシなどとともに煮込むのが特徴で、つけ合わせにはチャツネとソースが添えられます。これをロティ(丸い形のインド風のパン)ですくったり、包んだりして食べます。

このように、インド人が移住した先では、今も食生活の隅々にインドの食文化が垣間見えるのです。

カレーは頼もしい倹約料理⁉

19世紀前半、中流階級の人々の間でも本格的にカレーが浸透し始めます。

中流階級の人々の価値観は「倹約」。いかに経済的に家庭を維持していくかが重視されていました。限られた予算でおいしい食事をつくることのできる女性は、称賛される存在でした。

例えば、教会の礼拝（ミサ）で出された肉が残ってしまった場合、その肉は1日置くと冷めてしまいます。

通常、冷めた肉は食べないことが多かったのですが、中流階級の女性たちは、肉を残さず料理に応用することを美徳としていました。そこで注目されたのが、カレーです。カレーは冷たくなった肉を調理するにはうってつけの料理だったのです。

実用面だけでなく、味にも栄養面にも優れたカレーは、イギリスの食卓にすぐに根付きました。

当時のイギリスでは、カレーソースで煮込まない料理はないというほど、常にカレーが食卓に出ていました。肉の切り身をはじめ、子牛の足や羊の頭、ロブスターなど、何でもカレーの食材として利用されていました。

1847年に発刊されたイライザ・アクトンの『最新料理法（Modern Cookery）』という本では、「食卓のカレーがなければ、しっかりとした正餐とはいえない」とまで書かれていたようです。

中流階級の人々は、フランスから入ってきた文化に影響され、使用人が食事を運んでくる形式の食事をするようになりますが、

そうした食卓でもカレーは供されていました。

★敬遠されるようになったカレー

　しかし、香辛料が効いているカレーは、飽きられたのか、もともと中流階級の人々の口には合わなかったのか、徐々に敬遠され始めます。時代によって食にも流行があるのは当然ですが、イギリス全域に広がったカレーが廃れてしまうのは意外な展開でした。

　20世紀半ばになると、イギリスにおけるカレーは、カレー粉をシチューなどに少々加える程度になり、食卓での存在感を低下させていきます。

　ただ、イギリスから完全にカレーがなくなったというわけではなく、レストランなどでは引き続きカレーは食べられていました。

19世紀ロンドンのレストラン。家庭料理として存在感を失ったカレーは、外食ではまだメニューに残っていた。　　　　　　　　　　　　　　　　　　［写真：iStock ©ilbusca］

イギリスの国民食「チキンティッカマサラ」

イギリス人の食卓から姿を消しつつあったカレーですが、まったくなくなったわけではありませんでした。

それどころか形を変えて、イギリスの食文化に根付いていったのです。それが、1960年代にイギリスのインド料理店で生まれたといわれている「チキンティッカマサラ」です。

"ティッカ"とは、スパイスに漬け込んだブロック肉のこと。これをタマネギと一緒に炒め、トマトやバターでつくったソースで煮込んだものが、チキンティッカマサラです。

酸味がありつつもクリーミーな味わいは、どこかバターチキンカレーに似ています。

チキンティッカマサラは、イギリスでは国民食といえるほど親しまれている料理です。2001年、当時のイギリスの外相ロビン・クックは、チキンティッカマサラについて「真のイギリスの国民料理だ。それは、一番人気があるというだけでなく、イギリスが外部の影響をどう吸収し、適応させるかを完璧に体現しているからだ」と語り、話題になりました。

当初はカレーに親しんだイギリス人ですが、それが人々の好みに合わせて形を変えていき、その最終形がチキンティッカマサラになったということでしょう。

多様な文化を柔軟な姿勢で吸収するイギリス人ならではの料理だといえるかもしれません。

チキンティッカマサラの誕生のエピソード

起源には諸説ある。一説によれば、グラスゴー（スコットランド）のインド料理店で、店のシェフが客の男性から「頼んだ肉がパサついている」というクレームを受けたことがきっかけだという。シェフは、肉にトマトソースやスパイスを絡めて出したところ、それがたちまち評判になったという。

チキンティッカマサラ
ヨーグルトやスパイスに漬け込んだ鶏肉をタンドール釜で焼き、それをトマトベースのカレーで煮込んだ料理。イギリスではレストランのほか、パブでも食べることができる。 ［写真：123RF］

★カレーはなぜイギリスに定着しなかったのか

　それにしても、日本にカレーを伝えたイギリスでは家庭でカレーが食べられなくなり、一方の日本ではカレーは国民食となって老若男女に親しまれている──。

　この違いは一体どういうことなのでしょうか?

　イギリスでカレーが衰退したのは、上流階級の食事のパターンが変化したことが原因だという見方があります。

　週単位で食事のパターンが決まっていたとされる上流階級の習慣には、日曜日に巨大なローストビーフを焼いて食べるというものがありました。

　しかし、あまりにも大きいローストビーフはどうしても食べきれずに余ってしまいます。そこで、残り肉はカレーに使うのが効率的であり、経済的だとされていました。

　ところが、牛肉の値段が高騰して、ローストビーフ自体が入手しづらくなったのです。その結果、次第にカレーを食べる機会も減ってきました。肉が余ってこそのカレーだったということでしょう。

★イギリス最初のインド料理店の顛末

　一説によれば、今、ロンドンには1000軒を超えるインドレストランがあるといわれています。

　価格もかなりリーズナブルなので、カレーを食べたくなったら近くのインド料理店へ出向けばいいわけです。わざわざ家庭でつくる必要は、もうなくなったのでしょう。

　今ではイギリス中にあるインドレストランですが、最初の店は大成功とはいいがたいものでした。

　イギリスで初めてのインド料理店は、ディーン・マホメッド

というインド人が、1810年にロンドンのジョージストリートに開店した「ヒンドスタニー・コーヒーハウス（Hindoostane Coffee House）」です。

マホメッドは、カレーをはじめとするインド料理の本格的な味わいや店の雰囲気といったものを、インド本国のスタイルで忠実に再現しようと試みます。

新聞に広告を出すなど積極的な経営を展開しますが、なかなか振るわずに、1811年に惜しくも閉店。

理由についてはいろいろな意見がありますが、当時はまだ外食文化が十分に根付いていなかったこと、また、彼がターゲット層としていた裕福な顧客たちの興味が薄かったことが大きいのではないかと考えられています。

＊　　　＊　　　＊

イギリスでは、カレーは今も食のシーンや形を変えて親しまれています。

イギリス人が好んで食べているのは、前述のチキンティッカマサラですが、若い世代の間では、パブで飲みながらカレーを食べるというスタイルも浸透してきているようです。

今でも、カレーはイギリス人に深く愛されているのです。

[具材の定番3野菜はいつ日本に伝わった?]

　カレーの具材として定番の3野菜——ジャガイモ、ニンジン、タマネギは、どのようなルートで世界に広がったのでしょうか。

　小麦、水稲、大麦、トウモロコシとともに、世界5大食用作物の1つとされているジャガイモの原産地は、南米のペルー、ボリビア付近だといわれています。その歴史は古く、紀元500年頃からアンデスの高原で栽培されていたようです。

　日本にもたらされたのは江戸時代。オランダ人がジャガイモを持ち込み、飢饉対策用の作物として広まったそうです。明治時代になると北海道の開拓進行に伴い、本格的な栽培が始まったとされています。

　ニンジンの原産地はアフガニスタン東部で、こちらもやはりオランダ人によって、明治時代に日本にもたらされたようです。

　実は、江戸時代に伝わったニンジンもあり、前者と後者では特徴が異なります。オランダ人が持ち込んだのは西洋系のカロテンニンジンで、色はオレンジ。一方、アジア経由で伝わった後者は細長く、色も多彩だったとされています。

　タマネギをもたらしたのもオランダ人。中央アジアから地中海沿岸で栽培されていたタマネギを、オランダ人が江戸時代に日本に持ち込みました。本格的な栽培が始まったのは、アメリカから導入された品種の栽培が成功してからだそうで、ジャガイモと同様、初めは北海道で栽培されていました。

　3つの野菜をオランダ人が日本に持ち込まなければ、カレーライスの具も、今とは違ったものになっていたかもしれません。

世界のカレー事情

3皿目

Curry

辛すぎるパキスタン、一汁二菜のネパール

　カレーはインドの周辺国であるパキスタンやネパール、バングラデシュでも日常食として食べられています。

　ただ、これらの国々には独自の食文化と信仰されている宗教があり、それらと適合するようなカレーが食されています。

　歴史を簡単に振り返ると、パキスタンはもともとイギリス領インド帝国の一部でした。

　しかし、1947年、帝国が解体する形で、インド連邦とパキスタンが分離独立。ヒンズー教徒の多いインドから、少数派のイスラム教徒が袂を分かつようにパキスタンが独立したのです（このとき、飛び地として東方に離れて存在していた東パキスタンが1971年にバングラデシュとして独立）。

★辛みの強いパキスタン、魚が入ったバングラデシュ

　こうした歴史的経緯と地理的な事情から、パキスタンは北インドの、バングラデシュはインドのベンガル地方のカレーと同じ特徴を持っています。

　パキスタンのカレーは、インド北西部のパンジャーブ地方と同様に、料理にスパイスをふんだんに使った、辛さの強いものが主流。

　ただ、最近では、あまり辛すぎるのは健康に悪影響を及ぼすといった考え方が国中に広まっているようで、徐々に甘口のカレーが主流になっています。

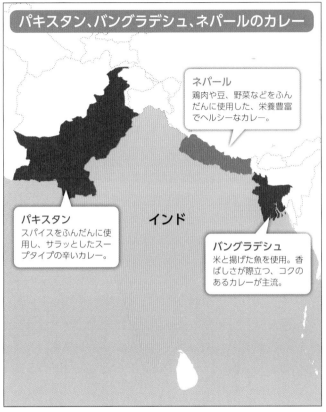

パキスタン、バングラデシュ、ネパールのカレー

ネパール
鶏肉や豆、野菜などをふんだんに使用した、栄養豊富でヘルシーなカレー。

インド

パキスタン
スパイスをふんだんに使用し、サラッとしたスープタイプの辛いカレー。

バングラデシュ
米と揚げた魚を使用。香ばしさが際立つ、コクのあるカレーが主流。

また、年間を通して暑い国であることから、サラッとした、のど越しのいいカレーが多いことも大きな特徴でしょう。

さらに、国民の9割がイスラム教徒であることから、肉を入れる場合も羊と鶏の肉がメインとなります。

一方、河川や水路が網の目のように走るバングラデシュでは、水産資源が豊富。米と魚を使ったカレーが主流となっています。

具材として頻繁に使われる淡水魚は臭みがあるため、油で

揚げてからカレーに入れるなど、調理に手間をかけるのも特筆すべき特徴でしょう。揚げた魚の入ったカレーは、スパイシーでコクがあります。

★複数の惣菜と食べるネパールカレー

一方、ネパールは「ダルバート（ダルは豆のスープ、バートは米）」といって、カレーと複数の惣菜を一緒に食べる食事スタイルです。

この中に含まれる野菜料理の惣菜は「タルカリ」と呼ばれており、スパイスが控えめに使用されています。

ネパールは、インドと同様にヒンズー教徒が多いため、具材に牛肉は使われず、鶏肉や豆、野菜がふんだんに使用されます。栄養豊富で健康的なカレーだといえるでしょう。

ネパールカレーの辛さは控えめ。ターメリックやクミンなど数種類のスパイスを使うものの、トウガラシはほとんど使わないため、マイルドで食べやすい味付けです。カレーと呼ぶよりは、スパイスのほどよく効いたスープといったほうが近いかもしれません。

このように、南アジアのカレーは、インド起源のものに各国の食文化や宗教、地理上の特性が混ざり合うことで独自のアレンジが施され、それぞれの地域に根付いたものになっています。

ダルバート
ネパールの代表的な家庭料理。豆のスープ（ダル）とライス、野菜を使った惣菜「タルカリ」と、スパイシーな漬物（アチャール）で構成されている。　[写真：123RF]

ローガンジョシュ
北西インドやパキスタンで広く食べられている羊（ヤギ）肉入りカレー。赤い色が特徴で、ペルシャ語でローガンは「油」、ジョシュが「赤」を意味する。

[写真：123RF]

宗教タブーの少ないスリランカカレー

　スリランカは、インド南東のインド洋に浮かぶ小さな島。
南アジアのカレーを語る上では、この国も忘れてはならない存
在でしょう。

　スリランカの歴史書『大史（マハーワンサ）』には、ベンガル地
方からやって来たウィジャヤ王が、カレーらしきものを食べて
いたことが記されており（→26ページ）、何らかの形でカレーが
インドから伝わったであろうことが想像できます。

　スリランカは、ポルトガル、オランダの支配（いずれも海岸地
帯を植民地化）を経て、1815年にイギリス領になりました。

　19世紀初頭、ヨーロッパ諸国の間ではナポレオン戦争後の新
しい秩序をつくろうとする動きが高まり、その結果、「ウィー
ン会議」が開催されました。この会議で締結されたウィーン議
定書によって、スリランカはイギリスの植民地になります。そ
して、1948年、「セイロン」の国名でイギリスから独立しました
（その後、1972年スリランカ共和国→1978年スリランカ民主社
会主義共和国と国名を変更）。

　また、宗教的な観点から見ると、スリランカは、国民の約7
割が敬虔な仏教徒。信仰の歴史を裏付けるように、複数の仏
教遺産が世界遺産に登録されています。

　こうした事情も、ヒンズー教徒やイスラム教徒が多い他の南
アジアの国々とは異なる点でしょう。

仏教は前3世紀頃にインドから伝来したといわれている。現在でも、国民の70.1%（外務省統計）が仏教徒。国内には歴史的に貴重な仏教遺跡が多数残る。写真はスリランカ中部にあるダンブッラの黄金寺院。2000年前から信仰の対象となっており、1991年に世界遺産に登録された。　　　　　　　　　　　　　　　　　　　[写真：123RF]

島の形から「インド洋の涙」と呼ばれるスリランカ。ルビーやサファイヤなどの宝石と、香り高い紅茶の産地としても有名。スパイスの宝庫としても知られ、とくにカルダモン、シナモンを多く産出する。ヨーロッパ諸国による植民地経営も、シナモンの貿易を軸として始まった。

★スリランカのカレーには鰹節が入る?

スリランカのカレーは、よく日本人の舌に合うといわれます。なぜでしょうか?

スリランカでは、料理をするときにモルディブフィッシュという乾物が味付けの材料として使われます。

これは、ゆでて燻(いぶ)したハガツオを乾燥させたもので、いわば、日本の鰹節です。これをカレーに入れるので、日本人好みの味になるというわけです。

また、仏教国であることから、ヒンズー教やイスラム教のように肉のタブーがありません。

インドではビーフカレーやポークカレーはほとんど食べられませんが、スリランカではどちらも食べることが可能です。

これも日本人がスリランカのカレーに親しみやすい理由の1つではないでしょうか。

意外と無視できないのが、「見た目」です。

スリランカのカレーは、ライスと複数のカレー、野菜などを1つのプレートに盛り付けるので、見た目が色鮮やか。

懐石料理のように、色とりどりの料理を、少量ずつ盛り付けて食べることが好きな日本人の感覚に近いものがあります。

もっとも、問題は、その「辛さ」。

スリランカのカレーは、トウガラシをふんだんに使うという特徴があります。私もスリランカに行って実際に調査をしたところ、現地の人が食べるカレーは、驚くほどの辛さでした。

スリランカカレーは、最近、日本でも注目を集めており、各地に専門店ができるほど人気を博しています。

周囲を海に囲まれているスリランカでは、カレーにマグロ、カツオ、イカ、エビなど魚
介類が使われることが多い。写真はキングエビを使ったスリランカスタイルのカレー。
スリランカのカレーはスパイスを使った独特の辛さが特徴だが、味付けにココナッツ
ミルクとモルディブフィッシュが用いられるため、うま味が感じられる。

[写真：iStock ©martinrlee]

モルディブフィッシュ

ハガツオという魚を原料にし
た乾物で、日本でいうところ
の鰹節。使用するときには、
すり鉢で細かく砕いて料理に
入れる。スリランカ料理には
欠かせない。

辛さも具材も個性的なタイカレー

　東南アジアでは、ほぼ全域でカレーが食べられています。この地域では、稲作が盛んなため、カレーとともに食べられている主食は、パンではなく米です（一部例外あり）。

　また、インドと中国という、2大文化圏の影響を強く受けていることも特徴の1つでしょう。

　マレーシアやシンガポールの屋台で食べられている「ラクサ」のように、カレーと麺を組み合わせた料理がありますが、これなどは、まさに中国の影響を受けた顕著な例です。

　また、19世紀以降、東南アジアはほとんどの国が西欧諸国の植民地になりました。そのため、今でも宗主国の食文化の影響が色濃く残っています。

★辛さに加わる甘みと酸味

　東南アジアのカレーと聞いて、真っ先にタイのカレーを連想する人は多いかもしれません。

　実際、タイのカレーは種類も多く、日本人にもなじみ深いものになっています。

　タイカレーとインドカレーの大きな特徴は、スパイスの比重。もちろん、タイでもスパイスは使われますが、基本になるのは種類豊富なトウガラシです。これにバジルやレモングラスなどのハーブがふんだんに使われるため、辛さの中にもさわやかな風味があります。

19 世紀の東南アジア。列強はこぞってこのエリアに進出し、オランダはおもにインドネシア、マレーシアを、フランスはカンボジア、ベトナム、ラオスを、そして、イギリスはビルマ（現ミャンマー）をそれぞれ植民地化した。そうした中、タイはフランスとイギリスの緩衝地帯として独立を保った。

また、ココナッツミルクやタマリンド（タイやカンボジアが原産の甘酸っぱい果物）も、材料として欠かせません。タイのカレーは、辛さだけではなく、甘さや酸味を楽しめるのです。

さらにナンプラー（魚醤）やカピ（塩漬けにしたエビを発酵させたもの）などの調味料でうま味が加わることも、タイカレーの独自性だといえるかもしれません。

★緑、赤、黄……3つのタイカレー

タイではカレーのことを「ゲーン」と呼び、3つの代表的なゲーンがあります。

まずは「ゲーン・キョワン」。この名前に首をひねった人も、

グリーンカレーのことだといえば、ピンとくるでしょう。

　強烈な辛さの青トウガラシ（プリッキーヌー）を入れるという特徴がありますが、日本で食べる場合は大抵ココナッツミルクが入っているため、辛さは控えめ。具材には、一般的に鶏肉やナス、タケノコなどが使われます。

　次が「ゲーン・ペッ」。

　赤トウガラシを使ったカレーで、具材には、ピーマンやエビが入ります。いわゆるレッドカレーです。赤い色は見るからに辛そうに見えますが、実はそれほど辛くはありません。

　最後は「ゲーン・ガリー」。いわゆるイエローカレーです。

　なぜ、「イエロー」なのかといえば、ターメリックで色付けをしているからです。

　さらに、このゲーン・ガリーは先の２つがペーストでつくられているのに対し、乾燥したスパイスの入ったカレー粉が用いられているのが特徴。

　ゲーン・ガリーは、タイカレーの中でもとくにインドの影響を強く受けたカレーなのです。

★いきなり脚光を浴びたマッサマンカレー

　もう１つ、タイのカレーとしてふれておきたいのが、マッサマンカレー。

　アメリカのテレビ局CNNが2011年に「世界で最もおいしい食べ物ベスト50」を発表した際に１位になったことから、一躍その名を知られるようになりました。実はタイ南部で食べられていたカレーで、タイ人の間でもあまり知られていなかったそうです。

　マッサマンカレーには、カルダモンやナツメグ、シナモンなど

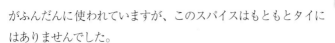

がふんだんに使われていますが、このスパイスはもともとタイにはありませんでした。

「マッサマン」とは"イスラム教の"という意味ですが、その名からわかるように、16世紀にインドから東南アジアにやってきたイスラム教徒の貿易商が伝えたといわれています。

　豚肉ではなく、鶏肉が使われていることも、その歴史的な事実を裏付けているといえるかもしれません。

ゲーン・キョワン
（グリーンカレー）
強い辛味のある青トウガラシを入れるのが特徴。
［写真：123RF］

ゲーン・ガリー
（イエローカレー）
インドのカレーのように、スパイスをふんだんに入れる。

ゲーン・ペッ（レッドカレー）
赤トウガラシが入っている。見た目は赤いが、それほど辛くない。
［写真：iStock ©AlexPro9500］

フランスの影響を受けたベトナムカレー

　ベトナムは、前111年に南越国が漢王朝に滅ぼされて以来、1000年以上の長きにわたって中国の支配下に置かれました。

　その後、19世紀に入ると、ほぼ現在のベトナム全土を領土とする阮朝が誕生しますが、今度はフランスによる干渉が激化。1885年にはフランスの保護国になります。

　ようやくベトナムがフランスの支配を脱したのは、第1次インドシナ戦争の終結(1954年のジュネーブ休戦協定締結)後のことでした。

　こうした歴史的経緯から、ベトナムの料理にはフランスの食文化の影響が垣間見られます。カレーをバゲットで食べることがありますが、それは1つの典型的な例でしょう。

　ただ、現地で調査をしてみると、ベトナムではカレー文化はそれほど盛んではないことがわかりました。スパイスはアクセントとして使われる程度です。

　とはいえ、ベトナムにも独自のカレーはあります。

　ベトナムカレーの一番の特徴は、甘さ。ココナッツミルクやサツマイモ、タマネギなどが入るので、辛い中にもホックリとしたやさしい甘さが感じられる味付けになっています。

　また、ベトナムのカレーには「ニョクマム」(小魚を塩漬けにして発酵させた魚醤)が用いられるのも、大きな特徴でしょう。

　日本料理に醤油が欠かせないように、ベトナム料理も、この調味料を入れることで味が引き締まるのです。

清仏戦争。フランス軍によるランソン攻勢。19世紀の後半、フランスはインドシナ出兵を推進。ベトナムの植民地化を目指していたが、中国（清）と宗主権を巡って対立し、1884年に清仏戦争が勃発する。翌85年にフランスが勝利したことから、以後、ベトナムはフランスの支配下に置かれることになる。　　　　　　　　　　[写真：フランス軍事博物館]

「カリーガー」と呼ばれるベトナムのカレー。肉は鶏肉が使われる（"ガー"は鶏肉の意）。ココナッツミルクとサツマイモが入るので、あまり辛くない。植民地時代の名残で、フランスパンにつけて食べることも多い。　　　　　　　　　　[写真：123RF]

113

カレー麺は文化融合の象徴?

　東南アジア諸国は、先に述べたように、文字や宗教などの文化面において、中国・インド、2つの国から大きな影響を受けてきました。

　食文化ももちろん、その一要素です。

　インド、中国の食文化が融合したわかりやすい例が、「カレー麺」でしょう。

　麺にカレーをかける料理は、東南アジアのさまざまな場所で食べられています。

　麺で特筆すべきは、小麦粉ではなく米を原料としていること。東南アジアの料理が好きな方は、フォー(ベトナム)やクイッティアオ(タイ)などの麺の名前を聞いたことがあるかもしれません。これらは、いずれも米からつくられています。

　カレー麺として最近よく耳にするようになったのは、「ラクサ」ではないでしょうか。

　ラクサとは、マレーシアやシンガポール、インドネシアなどで食べられている、ココナッツミルクをベースにしたカレー麺のことです(地方によって味が異なるため、必ずしもカレー風味とは限らない)。

　コショウ、シナモン、トウガラシなどのスパイスが使われていてスパイシーですが、ココナッツミルクが入っているので、辛さは控えめ。

　また、具材はエビや貝、モヤシ、厚揚げなどが一般的ですが、

シンガポールで食べられているカレーラクサ。「ラクサ」には、これ以外にも、魚の出汁が使われている「アッサムラクサ」や、カレーラクサより辛さがマイルドな「ニョニャラクサ」がある。
[写真：123RF]

豚肉は使われません。マレーシアやインドネシアがイスラム教国であることに加え、シンガポールも全人口の約15％がイスラム教徒であることが大きな理由です。

★見た目にインパクトのあるフィッシュヘッドカレー

　シンガポールでよく食べられているカレーといえば、「フィッシュヘッドカレー」でしょう。

　これは、魚（おもにフエダイ）の頭を丸ごと入れたカレーで、クミン、カルダモンなどのスパイスと、オクラやナス、トマト、パイナップルといった具材を素焼きの鍋に入れて煮込みます。

　とくに、魚の目玉や頬肉が美味で、具は隅から隅まで食べ尽くされます。

　見た目はややグロテスクですが、味付けは繊細。

魚の頭が丸ごと入ったフィッシュヘッドカレー。カレーの中で魚の身をほぐし、ライスと一緒に食べる。インド人の労働者が、市場で捨てられていた魚の頭を再利用したのが起源だといわれている。
[写真：123RF]

　魚の出汁が効いているので、単純な辛さだけではなく、うま味が感じられるのも大きな特徴です。

　それにしても、どうして魚の頭がカレーに入れられるようになったのでしょう？

　1950年代、南インドのケララ州出身の出稼ぎ労働者が、シンガポールのマーケットで魚の頭が捨てられているのに気づきます。これを有効活用しようとしてつくられたのが、フィッシュヘッドカレーの起源だといわれています。

　今ではインド系住民の間だけでなく、中華系、マレー系など民族の枠を超えて親しまれています。

★「サンバル」が不可欠なインドネシアカレー

　その他の国については、どうでしょうか。

まずはインドネシア。

インドネシアの代表的なカレーには、「カレーアヤム」（鶏肉入りカレースープ）があります。

インドネシアは、国民の8割以上がイスラム教徒なので、豚肉を使いません。しかし、バリ島は例外。ヒンズー教徒が多いため、牛がタブーの食材とされます。

かつて「スパイスの宝庫」として知られた土地であるだけに、家庭でも料理にスパイスが多用されてきました。

各家庭には、インドと同じように、トウガラシやターメリック、シナモンなど20種類を超えるスパイスが常備されており、家ごとに独自の方法で調合されています。

特徴的なのは「サンバル」の活用でしょう。生のトウガラシからつくられたペーストで、食事の際に各自が辛さを調節するために使います。

仏教国ミャンマーでは宗教による肉の禁忌はありません。そのため、イスラム教徒が多い国ではあり得ない、豚肉を使ったカレー（ウェッターヒン）があります。

ミャンマーのカレーは日本人にとっては少し脂っこいかもしれません。しかし、下味をつけた豚肉のうま味と野菜のエキスが凝縮された油には独特の風味があり、一度食べるとやみつきになるという声も。カレーはご飯にかけるというより、おかずの一品として扱われることが多いようです。

また、ココナッツミルクを加えたカレースープを麺にかけて食べる「オンノカウスエ」は、隣国インドと中国の文化が混じり合った名物料理。ミャンマー人にとっては典型的な朝食として親しまれています。

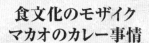
食文化のモザイク マカオのカレー事情

現在、マカオは中国の特別行政区になっていますが、この地にポルトガル人がたどりついたのは16世紀半ば。日本がちょうど戦国時代の頃です。

当初、ポルトガルはマカオに居住権を得るために、中国（当時は明）に地代を払っていました。租借地としての扱いだったのです。

ところが、1842年にイギリスが中国（清）とのアヘン戦争に勝って香港を獲得すると、ポルトガルもこれに続く形で、1887にマカオの「永久統治権」を得ます。これによって、マカオはポルトガルの植民地となりました。

こうした歴史的な背景があるため、マカオでは東洋と西洋が混じり合ったエキゾチックな雰囲気を感じることができます。

例えば、マカオの歴史地区では、西洋風の建築と中国風の建築が混在し、西と東の文化が1つの街に溶け合っていることがわかります。

★スパイスたっぷりのアフリカンチキン

食文化に目を向けると、ポルトガルの影響のある料理が今も残っています。

それが、「アフリカンチキン」。

アフリカンチキンとは、鶏のもも肉を、各種スパイス（クミン、チリパウダー、コリアンダーなど）を使った汁に漬けておき、

アフリカンチキンは、マカオのご当地料理。ポルトガル人の船乗りが、航海中に調達したスパイスを使ってつくったとされる。　　[写真：マカオ観光局]

それにココナッツミルクを塗って焼く料理です（調理法は店によって異なる）。

　一説によれば、大航海時代、ポルトガル人の船乗りたちがアフリカに寄港したときに食べた鶏料理がルーツだといわれています。

　ポルトガルはインドのゴアを占領した際にスパイスを獲得しました。その後、征服したマラッカ王国（15〜16世紀にマレー半島南部に栄えたイスラム国家）でココナッツミルクを獲得。これらの食材を中国の調理法でつくったのがアフリカンチキンというわけです。

　スパイスをふんだんに使っていることから、これも広い意味でのカレーといえるでしょう。

　なお、マカオには「ポルトガルチキン」という料理もあります。こちらはココナッツミルク風味のマイルドなチキンカレーといった趣です。

★マカオのローカルフード " カレーおでん "

マカオには、独特のカレー文化が根付いています。

その1つが「カレー麺」。

ビーフカレーのスープに、牛バラ肉とコシのある細麺を加えたもので、現地では「咖喱牛腩麺」などと表記されるのが一般的です。

「麺」という中国の食文化に「カレー」というインドの食文化が融合して、新しい料理が生まれた典型的な例でしょう。

もう1つ、ユニークなのは「カレーおでん」。

文字通り、「おでん種」をカレーにつけて食べるもので、辛さも自由に選ぶことができます。

もちろん、「カレーおでん」というのは日本人が名付けた通称で、現地での名称は「咖喱牛雑 (魚旦)」。

日本で「おでん」というと、冬というイメージがありますが、こちらは通年販売されており、マカオのローカルフードとなっています。

ゴロッとした牛肉が入った、咖喱牛腩麺。辛さは店によって異なるが、なかには激辛の場合も。本来の味付けはあっさり風味。

具材を選ぶと、お店の人が湯がいてカレーソースをかけてくれる。購入する際に店の
人に「辛くするか？」と聞かれるので、好みの辛さを注文。

カレーおでんを販売する屋台。魚の練り物が多く、他にホルモン肉や野菜などもある。
出汁のうま味とカレー味がマッチしていて、やみつきになる。

[写真：伊能すみ子（tripnote ライター）]
https://tripnote.jp/macau/osusume-local-carry-dish

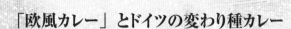
「欧風カレー」とドイツの変わり種カレー

「欧風カレーってありますよね？　あれはヨーロッパで食べられているカレーなんでしょう？」

よく、こういう質問をされることがありますが、実はこれは誤りです。一般的な欧風カレーとは、イギリスのカレーのこと。なぜなら、イギリス以外の国ではカレーはあまり食べられていないからです。

フランスは、1757年のプラッシーの戦いで敗れるまでは、イギリスと同様、インドの植民地化を進めていました。しかし、南アジアの食文化を積極的にとりいれようとはしませんでした。

カレーパウダーそのものは、フランス料理の世界でも使われなかったわけではありません。

ただ、それはあくまでも「風味付け」であり、日本人がイメージするような、肉や野菜と煮込んだカレーはフランス料理には定着しなかったようです。

★「欧風カレー」は日本発のカレー

イギリスのカレーは、調理のたびにスパイスを混ぜ合わせるインドカレーとは異なり、すでに混合済みのカレー粉を使用するのが特徴です。

また、グレイビーソースなどを入れて、ただ辛いだけではなく、マイルドな味を追求しているのも他とは異なるポイントでしょう。

欧風カレーはヨーロッパにはない!?

イギリスのカレー

カレー粉(混合スパイス)を使う

ソースで味を調節する

主食はパンではなくライス

日本人がアレンジ

欧風カレー

スパイスを加えたカレーをおもにフランス料理の
調理法でマイルドに仕上げたもの。

このイギリスのカレーに、日本人がアレンジを加え、上品な
味をつくりだしたものが、いわゆる「欧風カレー」です。

ブイヨン(出汁)をベースにしたり、隠し味にワインを使った
りと、フランス料理風につくられているのです。

しかし、これは日本人がヨーロッパの食文化を部分的にとり
いれ、創意工夫のもとにつくったカレー。ヨーロッパには存在
しないものなので、ご注意ください。

★ドイツの国民食「カリーブルスト」

イギリス以外のヨーロッパでは食文化として根付かなかった

カレーですが、実は例外があります。

それは、ドイツ。

ドイツでは「カリーブルスト」というカレー味のソーセージが広く食べられているのです。

カリーブルストは、ゆでたソーセージを食べやすくカットし、そこに香辛料の入ったトマトソースとカレー粉をまぶすという簡単なもの。これにポテトやパンを添えるのが一般的です。

ベルリンの名物として、市内各所にテイクアウト用のスタンドが立ち並ぶほどの人気料理ですが、実は北ドイツ一帯で広く知られるソウルフードだそうです。

それにしても、なぜカレー粉が使われるようになったのでしょうか?

ドイツで人気のカリーブルスト（ブルストはドイツ語でソーセージ）。カットしたソーセージにケチャップ（トマトソース）とカレー粉をまぶして食べる。ポテトやパンがつけ合わせになっている場合が多い。

[写真：123RF]

カリーブルストの販売車。屋台やスタンドなどで売られていることも多い。注文時に、皮つきか皮なしか、辛くするかどうかを選べる。　　　[写真：iStock ©carlosrojas20]

　一説によると、第2次世界大戦後の食糧難の時代に、屋台でグリルソーセージを販売していた女性が、たまたまケチャップとカレーをまぶして売り出したところ、これが好評となり、一気に広まったとされています。

　今ではドイツ国内で年間に約8億食が消費されるともいわれ、その人気は衰える様子がありません。

　日本人にとっての「ラーメン」のように、ドイツ人の間では、このカリーブルストが国民食として愛されているのでしょう。

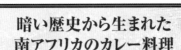

暗い歴史から生まれた
南アフリカのカレー料理

　ポルトガル人のバルトロメウ・ディアスがアフリカ大陸最南端の喜望峰に到達したのは、1488年でした。

　その10年後、ヴァスコ・ダ・ガマが、さらに未知の世界を目指してインドのカリカットに到達。ついに、インド航路を開拓します。

　ポルトガルは、喜望峰付近にインド・アジア航路の寄港地をつくりますが、やがて、オランダがこの地を継承。東インド会社の補給地をつくるべく、入植を開始しました（彼らの子孫が後にブール人と呼ばれるようになる）。これが、現在の南アフリカ共和国の首都ケープタウンの起源です。

　19世紀の初頭、イギリスはこの地を占拠しますが、1814年に国際的にイギリス領だと認められると、「ケープ植民地」として、本格的に進出を始めました。

　その後も、オランダ系の入植者らを圧迫しながら、さらに領土を拡大。19世紀末の南アフリカ戦争（ボーア戦争）などを経て、アフリカ南端の支配を確立したのです。

　このイギリスの進出に伴い、1800年代終わりから1900年代初頭にかけて、インドから大勢の労働者が南アフリカに移住しました。彼らは母国の食習慣にアフリカの食習慣をとりいれていきました。それが現在の南アフリカの料理に大きな影響を与えたといわれています。

南アフリカの港町ダーバンの伝統料理バニーチャウ。「バニー」はインドのカースト制度でバニア(商人)に由来するという説もあるが、他にも諸説ある。カレーはドライカレーのように水分の少ないもの。　　　[写真：123RF]

★パンをくり抜いた中に入れられたカレー

　移住してきたインド人を中心に、南アフリカでもコルマ、ティッカマサラ、ビンダルーなどのカレーが食べられていました。

　このように、南アフリカのインド料理は、基本的にインド本国の伝統を受け継いだものでしたが、なかには独自の発展を遂げた例もあります。それが「バニーチャウ」です。

　バニーチャウは、南アフリカ東海岸の港町ダーバンの名物料理。パンの中心を深くくり抜き、その中にカレーを詰め込んだものです。

　南アフリカで、まだアパルトヘイト（人種隔離政策）が行われていた時代、黒人がレストランで食事をすることは禁止されていました。そこで、飲食店を経営するインド人が、パンでつくった器にカレーを詰め、こっそり黒人に売っていたのが始まりだといわれています（諸説あり）。

　バニーチャウは、ある意味、南アフリカだからこそ生まれたカレー料理だといえるのかもしれません。

インド人労働者が伝えたジャマイカカレー

　カレーはカリブ海に浮かぶ島国ジャマイカでも、食べられています。

　ジャマイカは16世紀の初めにスペイン人に征服されて以来、スペインの植民地でした。その後、17世紀の中頃にはイギリスの領土になります。

　ジャマイカにはサトウキビのプランテーションがつくられ、その労働力として、西アフリカから大勢の黒人奴隷たちが連れてこられました。

　また、プランテーションの契約労働者として、インド人も多数移住しており、カレーは彼らによって伝えられました。

　ジャマイカはオールスパイス（ナツメグ、シナモン、クローブの香りを併せ持つことが由来）の原産地ですが、ジャマイカのカレーにもこのスパイスが使われています。

　また、同じ中米のメキシコには、カレーに似たモレという料理があります。

　モレとは、鶏肉にカカオや木の実、トウガラシなどのスパイスが入ったソースをかけた煮込み料理のこと。カカオはチョコレートの原料ですが、甘くはありません。

　トウガラシが入るので辛さを感じる点と、とろみのある見た目はカレーにそっくりですが、私たちのイメージするカレーとは一線を画すものです。

ヤギ肉が入った伝統的なジャマイカのカレー。左上に載っているのは、スパイスをま
ぶして焼いたジャマイカの名物料理「ジャークチキン」。　　　　　　[写真：123RF]

メキシコの人気料理モレ。トウガラシなどのスパイスや木の実を時間をかけてすりつ
ぶしたものにカカオ豆を加えてつくる。カカオのほろ苦さとコクが味の特徴。
　　　　　　　　　　　　　　　　　　　　[写真：iStock ©carlosrojas20]

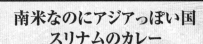

南米なのにアジアっぽい国 スリナムのカレー

南米大陸の北東部にあるスリナムという国をご存じでしょうか。日本ではあまりなじみがない国なので、場所もよくわからないという人が多いかもしれません。

スリナムは、周辺国と比べて珍しい特徴がいくつかあります。まずは、公用語。

南米はほとんどがスペインの植民地だったため、スペイン語を公用語とする国が多いのですが、スリナムはオランダの植民地でした（独立は1975年）。そのため公用語はオランダ語です。

また、オランダは、アフリカから黒人奴隷を連行し、プランテーションの労働者として働かせました。

さらに、中国やインド、そして同じオランダの植民地だった現在のインドネシアから、多くの移民が流入します。そうした背景から、民族構成が複雑になっただけでなく、食文化も南米でありながらアジアの雰囲気が漂う不思議な国になったのです。

★アムステルダムで食べられているスリナムカレー

インド系の住民が多いことから、スリナムでは、現在もインド料理が日常的に食べられています。

例えば、インドのチャパティのような薄焼きパン「ロティ」をカレーと組み合わせて食べているのだとか。

世界料理研究家の松本あづささんによれば、マサラキプ（カレー味の鶏肉）とカレー、ロティを組み合わせた「ロティメット

スリナムカレー。薄焼きパン「ロティ」と組み合わせて食べる。カレーの具はインゲンやジャガイモなど。　　　　　　　　　　　　[写真：mkrsa]

アムステルダムのスリナム料理店。店内でいくつかのおかずと主食を選ぶスタイル。焼きそばやチャーハンに似たものもあり、中国系移民の食文化が影響を与えたことがわかる。
[写真：mkrsa]

マサラキプ」がスリナムでは定番料理とされているようです。

　スリナムカレーは、かつての宗主国だったオランダでも人気があり、アムステルダムには安くておいしいスリナム料理が食べられる店が増えています。

【参考サイト】
●「世界の料理　NDISH」
　http://jp.ndish.com
●「アムステルダムに来たら ... スリナム料理！」
　https://note.mu/s03398mk/n/nce80e8fb7048

1月22日は「カレーの日」

1月22日が「カレーの日」だということをご存じですか？

この日は、「給食の意味や大切さを知ってもらいたい」という全国学校栄養士協議会の発案で、1982（昭和57）年、日本中の小中学校の給食で統一メニューが提供された日にあたります。そして、そのメニューが「カレー」だったのです。

統一メニューを何にするかは、事前に47都道府県でアンケートが行われました。その結果、1位は、なんとすべてカレー（朝日新聞／1982年1月12日）。子どもたちから圧倒的な支持を受けたメニューだったのです。

ただ、当時は「管理教育ではないか」といった慎重意見が出るなど、賛否両論の声がありました。実施を見送った市町村も多く、実際にカレーが提供されたのは、全国の学校の約6割ほどでした。

東京・恵比寿では、毎年1月22日「カレー・オブ・ザ・イヤー」が開かれます。

前年に話題となったカレーや商品、メーカーを表彰するイベントで、カレーのトレンドをキャッチしようと、業界関係者以外の人たちも参加して、おおいに盛り上がります。

「カレーの日」の認知度は年々高くなっており、この他にも、毎年1月22日には全国の自治体やカレー専門店、食品メーカーなどで催し物が企画されます。

皆さんのお近くでも、1月22日にどんなイベントが開催されるか、ぜひチェックしてみてください。

カレーと日本人

4皿目

カレー初上陸の地はどこだ?

今や日本人の「国民食」として親しまれているカレー。

そのカレーが初めて伝えられたのはどこだったのでしょう?

1853年、アメリカからペリー提督率いる「黒船」が来航し、日米間で1854年に日米和親条約、1858年に日米修好通商条約が締結されます。その結果、200年あまりにわたる日本の鎖国体制は崩壊しました。

開国後、日本社会に西洋文化が押し寄せますが、カレーが伝わったのもこの時期だと考えられています。

カレー"初上陸"の地がどこかについては諸説ありますが、最も有力なのは横浜だと考えられています。

★クラーク博士はカレーを農学校に導入したか?

もう1つの説は、北海道。明治維新後、政府は近代化を推進するために、多くの外国人を雇い入れました。その外国人によってカレーが伝えられたという説があります。

この時期の北海道といえば、札幌農学校(現北海道大学)の初代教頭であるクラーク博士が有名ですが、彼が生徒たちの食事としてカレーを推奨したといわれています。

ただ、当時の農学校で食生活の改善と洋食の推奨がなされ、寮の食事にもカレーが提供されていたことはわかっているものの、クラーク博士が直接的に関与していたかどうかは、よくわかっていません。

　また、他にも、横須賀や神戸が発祥という説がありますが、どちらも決定打となる根拠が弱いようです。

　このように、カレーが初めて伝わった場所の記録は、残念ながら残っていません。

　ただ、鎖国体制が解かれた直後で、外国人居留地から日本人に伝わったという推理は、あながち的外れではないでしょう。

　では、なぜ、横浜が最有力候補なのか。

　一番の理由は、ビールやアイスクリーム、食パンなど、開国後に日本に伝わった西洋料理が、横浜を拠点として日本全国に広まっていったことが挙げられます。カレーも、同じようなルートで全国に広がっていったのでしょう。

カレー発祥の地は横浜？

北海道

クラーク博士像

最有力
横浜
横須賀
神戸

135

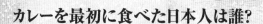

カレーを最初に食べた日本人は誰?

　かの有名な福沢諭吉は、その著書『増訂華英通語』(1860年)の中で「curry」という単語を「コルリ」という言葉に訳しています。

　同書は日本で初めて「カレー」という言葉を紹介した文献として知られていますが、諭吉自身がカレーを食べたという記録は残っていません。

　また、カレーを初めて「見た」と記録されているのは、第2回遣欧使節団(1864年)の1人だった三宅秀。

　1863(文久3)年にフランスへ渡航した際、船中で乗り合わせたインド人たちの食事風景を日記に記しています。

「飯の上に唐辛子細味に致し、芋のどろどろのような物をかけ、これを手にて掻きまわして手づかみで食す」

　三宅はカレーを得体の知れない食べ物と表現しており、食べてみようという気にはならなかったようです。

　カレーを最初に食べたといわれている日本人は、明治期の物理学者・山川健次郎です。

　1871年、国費留学生としてアメリカに向かう船中で、数ある料理の中から「ライスカレー」を選んで食べたそうです。

　朝・昼・晩と1日3食出される西洋料理が苦手だったようで、米飯がついているライスカレーを選んだとのこと。

　しかし、ご飯の上にかかっていたソースは敬遠したのか、口にしないで、ご飯だけを食べたようです。

1871年には、岩倉使節団の1人である久米邦武が、著書『米欧回覧実記』の中で、セイロン(現スリランカ)で「らいすかれい」を食べたという記録を残しています。

今では当たり前のように食べられているカレーも、当時の日本人たちにとっては、「正体不明の不思議な食べ物」として敬遠されていたことがわかります。

日本人のカレー体験

初めてカレーという言葉を訳したのは?

福沢諭吉
カレーを食べたという記録は残っていないが、カレーという食べ物の存在は知っており、「コルリ」と紹介した。

初めてカレーを目撃したのは?

三宅秀
カレーを目撃した際、ソースのことを「芋のどろどろのような物」と表現。結局、カレーを食べることはなかった。

初めてカレーを食べたのは?

山川健次郎
ライスカレーを食べる際、ソースのことを「あの上(ご飯)につけるゴテゴテしたもの」として表現し、敬遠した。

戦争とカレーの深い関係

　カレーと戦争。

「何の関係があるの？」と思われるかもしれませんが、実は両者には密接な関係があるのです。

　軍隊では、大人数の食事を用意しなければなりません。

　また、いつ敵の攻撃を受けるかも予測できない。そのため、素早く調理できて、すぐに食べられる食事が重宝されました。そのニーズに合っていたのが、カレーだったのです。

　大きな鍋に肉や野菜を入れて煮込めば、何十人もの料理をすぐにつくることができます。また、盛り付けるお皿も１枚で済んでしまう。後片付けも簡単です。

　加えて、おいしくて栄養バランスも良いとくれば、軍隊の食事としては理想的です。

　こうした理由から、明治以降、カレーは軍隊の食事として浸透していきました。

　軍隊には日本各地から青年たちが集まってきます。彼らは演習や実戦でカレーの味とつくり方を覚え、兵役が終わると、それぞれの故郷に戻って、家でカレーをつくりました。こうしたルートから、日本全国にカレーという料理が広まっていったのです。

　実は、カレーが全国に普及したきっかけは、もう１つあるのですが、それについては後で詳しくご説明しましょう。

軍隊食として重宝されたカレー

大人数の
食事が一度に
つくれる

盛り付けは
1皿でOK

時間・手間が
かからない

栄養の
バランスが
いい

日露戦争進軍中の日本兵
日露戦争で済物浦(現在の韓国・仁川)を行軍する日本軍。日露戦争でもカレーは軍
隊食として重宝された。　　　　　[写真:wikimedia commons © フランス軍事博物館]

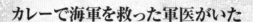

カレーで海軍を救った軍医がいた

日本では、江戸時代以降、「脚気（かっけ）」が蔓延（まんえん）していました。脚気とは、ビタミンB$_1$の不足から、下肢に「しびれ」や「むくみ」が現れるという病気。進行すると、最悪の場合は心不全で命を落とすこともあるため、深刻な社会問題になっていました。

当時、脚気は結核と肩を並べるほどよく知られた病気で、海軍や陸軍の罹患率（りかん）はとくに高かったそうです。

兵士の多くが脚気を患っていた最大の理由は、ビタミン不足でした。この頃、軍隊の兵士は一般人よりも優遇されており、特権として「白米」が提供されていました。

しかし、一般人が食べていた玄米に比べて、白米はビタミンB$_1$やタンパク質が不足していたのです。

★栄養不足説 VS 細菌説

こうした状況を打破しようとしたのが、海軍軍医の高木兼寛（かねひろ）でした。イギリス医学校への留学経験もある高木は、イギリス人が日本人と比べてタンパク質をはるかに多く摂取していることに着目。食事の栄養不足が脚気の罹患率の高さにつながっているという仮説を立てます。

しかし、当時の日本では、健康と食べ物の関係はそれほど重視されていませんでした。

高木は兵士たちの食事をタンパク質豊富なメニューに改善しようと試みますが、その主張はまったく相手にされませんでし

た。なぜなら、当時、脚気の原因は「細菌」だという説が有力だったのです。

　ちなみに、その細菌説を唱えていたのは、文学者としても知られる森鷗外でした。陸軍の軍医総監を務めていた鷗外は、細菌説を支持していたこともあり、高木の「食事で病気を予防する」という考え方を批判していました。

　しかし、海軍の脚気患者が、肉や野菜を摂取したことで症状が回復したことから、状況は一変。

　高木が、タンパク質が豊富な麦飯を使用したライスカレーを兵士たちに振る舞うと、脚気患者の数は次第に減少していったのです。

「脚気」の原因は何…？

栄養不足説

高木兼寛
ビタミンB₁やタンパク質といった栄養不足が脚気の原因とする栄養説を唱えた。

VS

感染症説

森鷗外
高木の提唱する食事療法には目もくれず、脚気は「細菌」による感染症であるとする説を唱えた。

高木兼寛は、日本初の博士号授与者の1人となり、医学博士となった。また、海軍で脚気を撲滅した功績が認められて、男爵位を獲得。「麦飯男爵」と称された。

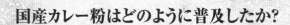

国産カレー粉はどのように普及したか?

　19世紀初め、イギリスのクロス・アンド・ブラックウェル社（以下、C＆B社）が世界で初めて工業製品としてのカレー粉を開発。1890年代後半から1900年代初めにかけて、日本にもC＆B社のカレー粉の本格的な輸入が始まりました。

　一方、日本国内では、1905（明治38）年、大阪の薬種問屋・大和屋（現ハチ食品）が初の国産カレー粉「蜂カレー」を開発します。

　ちなみに、カレー粉にハチミツが入っていたわけではありません。同社の2代目・今村弥兵衛が薄暗い蔵の中でカレー粉をつくっていたときに、ふと顔を上げると、窓に1匹の蜂が止まっていました。その蜂が朝日を浴びて金色に輝いていた光景に感銘を受けた弥兵衛が、このときの光景から「蜂カレー」と名付けたというのが商品名の由来です（ハチ食品HPより）。

「蜂カレー」の発売以降、他の薬種問屋などからも次々にカレー粉が発売されました。こうして、日本中に国産のカレー粉が広まっていったのです。

　しかし、洋食店では、事情が異なりました。

　一流のお店であればあるほど、「C＆B以外のカレー粉はカレー粉にあらず」と主張し、国産カレー粉は価値のあるものとしてみなされなかったのです。

★「偽装事件」で国産カレー粉が見直された!?

ところが1931 (昭和6) 年、「C＆Bカレー粉偽装事件」と呼ばれる事件が起きます。原材料や製法などが謎に包まれていたC＆B社カレー粉の容器 (空き缶) の中に、国産のカレー粉を詰めて偽装販売していた業者が摘発されたのです。

ところが、この「偽カレー粉」は、C＆B社のカレー粉と味が大きく変わらなかったために、長期間、偽物であると気づかれませんでした。そして皮肉なことに、この事件が国産カレー粉の評価を上げるきっかけとなったのです。

それまで見向きもされなかった国産のカレー粉が、C＆B社のカレー粉と遜色なく、さらにリーズナブルだということもあり、飲食店に広がり始めたのです。

また、庶民の間でも簡単にカレーをつくりたいというニーズがあり、比較的安価で購入できる国産カレー粉が、一般家庭にも浸透し始めました。

ハチ食品から発売された「蜂カレー」

大和屋2代目・今村弥兵衛が複数のスパイスを調合してつくり出した「蜂カレー」。写真のパッケージは昭和初期に発売されたもの。
[写真：ハチ食品]

1938 (昭和13) 年に実施されたデモ販売の様子。庶民の間にも少しずつカレーが浸透していった。
[写真：ハチ食品]

ラス・ビハリ・ボースと A.M. ナイル

1915（大正4）年、1人のインド人が日本に亡命します。

彼の名はラス・ビハリ・ボース。1886（明治19）年にインドのベンガル地方で生まれたボースは、当時イギリスの統治下だったインドで独立運動に参加。インド総督襲撃に関与したとしてインド政府から追われる身でした。

追及から逃れるために、彼は日本への亡命を果たします。

ところが、当時の日本はイギリスと日英同盟を結んでいました。同盟国の敵を国内で自由にさせておくわけにはいかないとして、日本の外務省はボースに国外退去を命じます。

この一件を知り、ボースを匿（かくま）った人物がいました。

1901（明治34）年の創業以来、パンや菓子を製造・販売していた「新宿中村屋」の創業者・相馬愛蔵です。

ボースは中村屋で身を隠しながら、日本の地で祖国の独立運動を展開していったのです。

★日本の本格的インドカレー生みの親

ボースは革命家としての顔とは別に、「日本カレーの父」という、もう1つの顔を持っています。

昭和初期の日本では、すでにカレーが庶民にも広まりつつありましたが、ボースはおおいに不満でした。

「東京のカレー・ライス、うまいのないナ。油が悪くてウドン粉ばかりで胸ムカムカする（新聞のインタビューより）」

中村屋とボースの深い関係

ラス・ビハリ・ボース
(1886 ～ 1945)

中村屋の創業者・相馬夫妻の娘・俊子と結婚し、1男1女をもうけた。また、1923（大正12）年には日本に帰化し、「防須」という名前を得る。名付けたのはのちに総理大臣となる犬養毅だった。
[写真：中村屋]

発売当時の「純印度式カレー」。骨付き肉やスパイスの強い香りに戸惑う客も多かったが、その味が評判を呼び、売り上げは次第に伸びていった。　　　[写真：中村屋]

　当時のカレーは、イギリス経由の欧風料理であり、ボースがインドで食べていた本場のカレーとはまったく異なるものだったのです。ボースは、ちょうど中村屋に喫茶部（レストラン）の開設を検討していた愛蔵に、「純印度式カリー」をメニューに入れてほしいと提案。これが大ヒットします。

　発売時の「純印度式カリー」の価格は80銭。当時の洋食屋のカレーが10銭前後だったということですから、かなりの高級志向ですが、それでも飛ぶように売れたそうです。

★本格派インド料理店を開業させた A.M. ナイル

本格インドカレーを日本に紹介した人物として、ボースとともに忘れてはならないのが、A.M.ナイルです。

ナイルは、インド南部のケララ州出身。彼もまた、ボースと同様、インドの独立運動に身を投じます。

1928（昭和3）年、ナイルは日本に留学し、京都帝国大学（現京都大学）の土木工学科に入学しました。政治活動をしていたためにインドにはいられない、それなら日露戦争でロシアに勝った日本でなら生き延びられるだろうと考えたといいます。

この来日で、ナイルは前出のボースと出会います。

そして、ボースを通じて、日本軍関係者やアジア主義者、政治家などとの交流を深め、戦後まで一貫して祖国の独立を目指す活動を展開しました。

★カレーを通じて日印の架け橋に

1947（昭和22）年8月にインドが独立を果たした後も、ナイルは日本に留まり、日本とインドの友好のために生涯を捧げました。

その1つが、インド料理店の開業です。

1949（昭和24）年、「日印親善は台所から」という信念から、東京・銀座に日本初のインド料理店「ナイルレストラン」を開業します。

また、1952（昭和27）年には、知人の小泉忠三郎とともに「ナイル商会」を設立し、インドの食材やスパイスの輸入業を開始。

20種類以上のスパイスを独自に調合してつくった、カレー粉「インデラカレー」は、ロングセラー商品として今も売れ続けています。

日印の架け橋になった A.M. ナイル

A.M. ナイル
(1905〜1990)

ボースとともにインドの独立を目指して政治活動を展開。戦後は東京裁判のために来日したパール判事の通訳を務めた。日印の親善に尽くし、その功績が認められて勲三等瑞宝章を授与された。

[写真：ナイルレストラン]

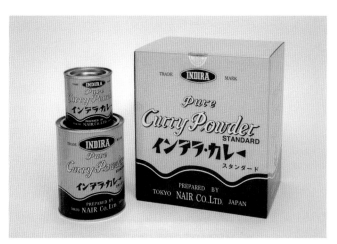

A.M. ナイルが旭食品（現ナイル商会）と技術提携して開発した「インデラカレー」。パッケージのデザインは、発売当時から変わっていない。

日本人が必ず食べた!? 給食のカレー

日本中にカレーが普及したのは、明治以降、軍隊の食事に採用されたからだと書きましたが、実はもう1つ、カレーが広まるきっかけがありました。それが戦後の「給食」です。

終戦後、一部の地域でしか実施されていなかった給食は、1951(昭和26)年2月から全国に拡大していきます。そして、翌52年4月までに全国の小学校で食べられるようになりました(全国学校給食会連合会)。

ただし、カレーは最初から「カレーライス」だったわけではありません。「カレー粉」を使ったメニューが初めて給食の献立に登場したのは、1948(昭和23)年のこと。まだ物資が乏しい中、メーカーが所有していた原料が東京都内の学童給食用に提供され、これが好評を得たようです(全日本カレー工業協同組合)。

この頃は、カレー粉が少なかったこともあり、カレーといってもスープ状のカレー汁やカレーシチューでした。味付けも、塩とカレー粉のみというシンプルなものだったそうです。

いわゆる「カレーライス」が給食に登場するのは、米飯給食の試験的導入が始まった1970(昭和45)年以降。

学校給食でカレーを体験した子どもたちは、大人になってからもカレーを好んで食べるようになります。自分が好きなカレーを家庭でつくり、子どももその味に親しみながら、世代を超えてカレーが愛されるようになっていったのです。

かつての給食と今のカレー給食

給食を食べる子どもたち（1950年代後半〜1960年）。カレーは、スープ状の「カレー汁」として食べられていた。　　　　　　　[写真：独立行政法人日本スポーツ振興センター]

現在では、給食のカレーも多様化している。ダルカレーやフィッシュカレー、写真のようにキーマカレーとナンのセットも。　　　　　　[写真：館林市教育委員会]

固形ルウとレトルトカレーの登場

1952（昭和27）年、お菓子メーカーのベル食品（現ベル食品工業）は、固形ルウの「ベルカレールウ」を発売し、これが大ヒット商品になりました。

板チョコの形状を模した固形のカレールウは、使い勝手がいいこともあり、瞬く間に一般家庭に普及していきます。

当時のルウは、現在のものよりやや大きめで、1枚は8人分。これを4等分して使えるつくりになっていました。

固形ルウは、カレー粉のように分量を量る手間がないため、主婦たちに重宝されました。

当時は手軽に調理できるものが好まれ、その潮流に乗る形で固形ルウは多くの人々から支持を受けました。

その後、1954年にエスビー食品（現エスビー食品）から「エスビーカレー」、1960年にハウス食品から「印度カレー」、江崎グリコから「グリコワンタッチカレー」、1961年にはキンケイから「明治キンケイカレー」と、固形ルウが次々に発売されます。

1965年は約3万3000トンだった固形ルウの生産量は、1975年には約8万6000トン、1995年には約10万2000トンと右肩上がりに増えていきました。

ちなみに、インスタントラーメン（日清食品）が初めて発売されたのは1958（昭和33）年、インスタントコーヒー（森永製菓）が売り出されたのは1960（昭和35）年ですから、固形ルウは、インスタント食品の"火付け役"だったといっていいでしょう。

カレールウの分類

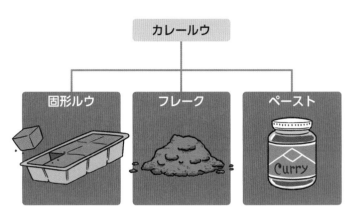

ルウには、おもに3つの形状(固形ルウ、フレーク、ペースト)がある。カレーフレークとはカレー粉を粉砕したもので、鍋に入れたときに溶けやすく、ダマにならないのが特徴。

1950年代に発売された固形ルウ

ベルカレールウ
1952年に発売された日本初の固形ルウ。
[写真：ベル食品工業]

ヱスビーカレー
1954年にヱスビー食品(当時)から発売された本格的固形ルウ。[写真：エスビー食品]

151

★レトルトカレーの生みの親はアメリカ軍 !?

レトルトカレーもインスタントカレーの一種です。

「レトルト」とは、加圧加熱殺菌をする釜（レトルト釜）のこと。専用の袋（パウチ）に食材を入れて密閉し、これに高い圧力をかけながら高温にすることで、袋の中身を殺菌します。

レトルト食品の開発が始まったのは1950年代。アメリカ陸軍が缶詰に代わる軍用携帯食として開発したものでした。

真空パックのため、長期間の常温保存が可能ですし、缶詰のようにかさばらないので手軽に持ち歩けます。

また、缶切りのような道具が必要ないため、食事が簡単ということも大きなメリットでした。

1969（昭和44）年には月面探査船のアポロ11号に「Lunar-pack」（牛肉、ポトフなど5品目）というパックが積み込まれ、宇宙で食されることに。レトルト食品が広く知られるようになったきっかけとなりました。

欧米では1960〜1970年代、家庭用としてレトルト食品の実用化が試みられましたが、あまり普及せず、家庭用レトルト食

アメリカ軍で実際に使用されているレトルトパウチ式携行食MRE。MREは Meal Ready to Eat の略称。初期のものは味が今ひとつだったため、Meals Rejected by Everyone（どんな人も拒否する食べ物）などと揶揄された。

[写真：iStock ©jashlock]

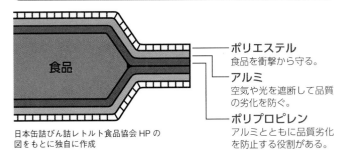

レトルトパウチのしくみ

食品

ポリエステル
食品を衝撃から守る。

アルミ
空気や光を遮断して品質
の劣化を防ぐ。

ポリプロピレン
アルミとともに品質劣化
を防止する役割がある。

日本缶詰びん詰レトルト食品協会 HP の
図をもとに独自に作成

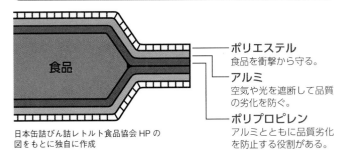

品の開発が進むことはありませんでした。

　大型の冷凍冷蔵庫が一般家庭に浸透していたため、常温保存の必要性があまりなく、オーブンによる加熱が一般的な調理方法だったからです。

★日本初のレトルトカレーは「ボンカレー」

　日本でも、この技術を使用したレトルトカレーが1968（昭和43）年に登場しました。「ボンカレー」です。

　ボンカレーは、カレー業界に新規参入した大塚食品が、「お湯で温めるだけで食べられるカレー」の開発を目指し、試行錯誤の末に生み出した商品でした。

　とくにレトルトパウチ製造のノウハウは、アメリカ陸軍が開発した「軍事技術」だっため、入手することができませんでした。そのため、ゼロからの開発を余儀なくされたのです。

　発売当初はポリエステルとポリエチレンの半透明2層構造でしたが、1969年に、ポリエステルとポリエチレンの間にアルミを挟んだ3層構造に改良され、長期保存が可能になります（3

カ月→2年)。

　ちなみに、当時のレストランのカレーライスが1食100円だったのに対し、ボンカレーは80円でした。

★レトルトカレー市場の急成長

　時代は折しも、高度経済成長期の真っ只中。日本中が飛躍的に経済を拡大させ、人々の暮らしが大きく変わった時期です。

　社会全体が効率化を求める中で、調理時間が大幅に短縮されるレトルトカレーは、幅広い層に受け入れられました。

　ボンカレーの成功は、同業他社の市場参入を加速させます。

　1971（昭和46）年には、ハウス食品から「ククレカレー」が発売され、市場はますます活性化していきました。そして、これ以降、レトルトカレーの生産量は、個食化の進行とも相まって、年々増加していくことになります。

　近年、日本では100社を超える企業でレトルト食品が生産されています（日本缶詰びん詰レトルト食品協会）。レトルト食品は、日本人の食生活に深く根付いたといっていいでしょう。

　それを裏付けるように、2017（平成29）年、レトルトカレーの売上額が初めてカレールウの売上額を抜きました（右図）。

　最大の要因は、単身世帯の増加だと考えられています。

　調理に手間のかからないレトルトカレーは、単身世帯にとって使い勝手がいいのはいうまでもありません。

　最近では、有名店とコラボして店の味を再現したものや、ブランド牛など「素材」にこだわったもの、さらに海外のカレーが楽しめるものなど、ラインナップもバラエティ豊かになりました。この傾向が、さらに市場を広げていると考えられます。

　レトルトカレーの需要は、今後もさらに増えていくでしょう。

1968（昭和43）年に大塚食品から発売された「ボンカレー」。女優の松山容子さんを起用した画期的なデザインだった。「牛肉100% 新鮮な野菜の煮込 3分間で本場の味」というコピーも、商品の特徴を端的に表現している。
[写真：大塚食品]

ルウとレトルトカレーの売上推移

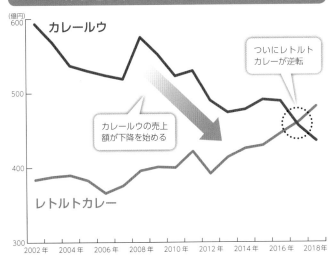

カレールウ

ついにレトルトカレーが逆転

カレールウの売上額が下降を始める

レトルトカレー

※インテージ 食品SRIデータより

レトルトカレーができるまで

普段、何気なく食べているレトルトカレーは、どのようにつくられているのでしょう？　しくみがわかれば、味わいもまた、より深くなるはず。ハウス食品・静岡工場の例をもとに具体的な工程を見てみましょう。

❶材料を準備する

カレーパウダーを準備する。例えば「咖喱屋カレー」シリーズでは、シナモン、カルダモン、黒コショウなど29種類のスパイスをブレンド。
日本人の嗜好に合うような配合になっている。

❷カレーを煮込む

混ぜ合わされたカレーパウダーを釜に入れて煮込む。一度に1つの釜で約8000人分のカレーソースができる。

❸計量器で具材(1人分)を量る

肉、ジャガイモ、ニンジンなどの具材を計量。コンピューターで、レトルトパウチ1袋分になるように量って分ける。

❹材料を充塡する

レトルトパウチに具材とカレー
ソースを入れて密閉する。

❺殺菌する

レトルト釜に入れて加圧加熱殺菌
する（120℃で30分間）ため、
保存料は使用しない。

❻包装する

殺菌が終わった製品を個別に包装
していく。1分間に200個以上
の箱詰めが可能。

❼全国に出荷

X線検査による中身のチェックや、金属探知機によるチェック（金属片などが
混入していないか）を実施。さらに機械や人の舌による検査を経て、全国に出
荷される。

[写真：ハウス食品]

ご当地レトルトカレー10

ご当地レトルトカレーの中から、
とくにおすすめしたい銘柄を
ピックアップしました。
地域の特性が存分に活かされた
カレーは、どれも必「食」です！

北海道
札幌スープ
カレーの素

遊佐カレー
大人の甘口 ——— 山形県

焼肉の〆の
キーマカレー

長野県　東京都

愛知県

野菜を主役に
したカレー

牛テールカレー
gorotto
（ゴロット）

松阪牛ビーフカレー

大阪府

炭火焼肉
たむらのお肉が
入ったカレー

大分県

長崎県

鹿児島県

おおいた
和牛の白いカレー

甘酒カレー

IICA
チキンコルマ
カレー

インド

158

札幌スープカレーの素 （ソラチ）

札幌名物のスープカレーが、具材を入れるだけで簡単に再現できると大好評。レトルトのスープカレーの代表的な商品であり、北海道土産の定番でもある。

遊佐カレー　大人の甘口 （フーデライト庄内）

肉厚でジューシーなパプリカ、甘みあふれるサツマイモなど、自然豊かな遊佐の特産食材をたっぷりと使用。野菜のエキスが体にやさしく、甘みと苦みのバランスも絶妙。

野菜を主役にしたカレー（JA東京むさし）

ジャガイモ、ニンジン、トマト、タマネギなど、使用されているのは、すべて都内の農地で収穫されたもの。丹精込めてつくられた新鮮な野菜が主体の、ヘルシーなカレー。

焼肉の〆のキーマカレー（マルマン）

人口1万人あたりの焼肉店の数が日本一の長野県飯田市で、焼肉後のしめ「専用」につくられたカレー。羊肉を主体としたキーマカレーで、お茶漬け感覚でサラッと食べられるのが特徴。

松阪牛ビーフカレー（スギモト）

松阪牛の大きな肉がゴロゴロと入った贅沢なビーフカレー。高級肉、野菜、果実と、独自にブレンドしたスパイスをじっくり煮込んだカレーは、まさに至高の味わい。

炭火焼肉たむらのお肉が入ったカレー（田村道場）

お笑い芸人たむらけんじさんがオーナーの人気焼肉店「炭火焼肉たむら」から生まれたレトルトカレー。スパイシーでコクがあり、肉もたっぷりで、食べ応えも十分。

牛テールカレー gorotto （長崎豊味館）
ゴロット

厳選した「牛テール肉」を
まるごと使用したカレー。
じっくりと煮込んだ肉は、
ホロホロとほぐして食べら
れるほどのやわらかさ。フ
レンチテイストなソースは
上品な味わい。

おおいた和牛の白いカレー （坂井建設）

「おめでたい時はカレーで
祝福」をコンセプトにつく
られた、白いカレー。福神
漬けや梅干しなどの赤い食
材を用意して、紅白で祝う。
地元のブランド「おおいた
和牛」が使用されているの
も特徴。

鹿児島県

甘酒カレー（河内源一郎商店）

100年以上続く老舗の種麹屋・河内菌本舗が開発したレトルトカレー。隠し味は、米麹とお米だけでできたノンアルコールの甘酒。具材には、麹を食べて育った麹豚の肉を使用。

インド

IICA チキンコルマカレー（カレー大學）

インド最高峰の料理学校IICAと日本を代表するカレープロ集団が協力し、インドの定番料理「コルマカレー」を商品化。インドに行かずとも、現地と同じ味わいが堪能できる!?

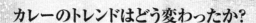
カレーのトレンドはどう変わったか？

　カレーのトレンドは毎年のように変化します。

　これまでにもさまざまなブームが到来しました。

　例えば、2001〜2002年のカレー専門店ブーム。「横濱カレーミュージアム」のオープン（2001年）をきっかけに、出店していたカレー専門店の存在が脚光を浴びました。

　その影響は全国に波及。大手食品メーカーからカレー専門店の名前を冠したレトルトカレーが発売され始めたのもこの頃です。

　また、今ではおなじみとなったスープカレーも、横濱カレーミュージアムがきっかけとなって広く認知されました。

　同館に札幌のスープカレーの名店「マジックスパイス」が誘致されたことで、関東にスープカレーの専門店が続々出店。一大ブームを巻き起こしたのです。

　2008年の個性派キーマカレーブームは家庭にキーマレーを浸透させるきっかけとなりました。従来のインド風キーマカレーに加えて、オリジナリティのある個性派キーマが登場。辛すぎないカレーが日本人の口に合ったのか、一気に広まりました。

　2012年には、カフェからカレーブームが生まれる現象が起きます。バターチキンカレーやグリーンカレー、チキンティッカマサラなどは、このとき注目されたもの。一見場違いなカフェからカレーのトレンドが生まれるということは、それだけカレーが日本人の食生活に根付いた証拠だといえるかもしれません。

おもなカレーブーム

2003年

カレーうどんブーム

従来のものとは違う革新的なカレーうどんが各所で誕生。また、カレーうどんが日本全国に広まってから100年を記念したキャンペーンやイベントが行われ、メーカーからはカレーうどんの新商品が登場。ブームに拍車をかけた。

2007年

カレー鍋ブーム

今ではおなじみのカレー鍋も当時は斬新だった。味そのものより、カレーを鍋にすることによって大勢で食べられるという楽しみを提供。新たな食シーンを生み出した。カレー鍋専門店もオープン。居酒屋のメニューにもカレー鍋が登場した。

2015年

金沢カレーブーム

ドロッとした濃厚なルウとつけ合わせのキャベツの千切りを、フォークや先割れスプーンで食べるという、独特な特徴を持つ金沢カレー。2004年の新宿1号店開店以来、関東・北陸を中心に全国に出店した「ゴーゴーカレー」が火付け役。

日本で一番カレーを食べているのはどこ?

　日本で一番カレーを食べるのは、どの都市でしょうか?

　普通に考えれば、人口が多く、さまざまなカレー店がひしめく東京や、同じく人口が多く庶民派カレーの王道を行く大阪、あるいはスープカレー誕生の地でもある札幌などをイメージされるでしょう。

　しかし、残念ながら、どれも不正解。

　日本で最もカレーの消費量が多いのは、鳥取市なのです。

　総務省が毎年行っている家計支出調査(対象は県庁所在地と政令指定都市)では、2016〜2018年におけるカレールウの購入金額と購入数量の平均で、鳥取市が1位となっています。

　カレールウの購入金額を見ると、意外にも、大阪市は37位、東京都区部は47位となっています。

★何度も首位に輝いている鳥取市

　しかも、鳥取市が首位になっているのは、上記の3年間だけではありません。過去に何度も1位を記録しているのです。

　総務省の調査は、カレールウの購入金額・数量であり、外食で食べるカレーは含まれていません。

　そのあたりの数字を踏まえると結果は変わってくるのかもしれませんが、いずれにせよ、鳥取の人たちが特別カレー好きであることは間違いないでしょう。

　ここで気になるのが、なぜ鳥取なのかということです。

カレールウの消費量ランキング (2016 〜 2018 年平均)

鳥取市は人口の多い他の都市を抑えて、長期にわたって 1 位を獲得し続けている。終戦直後、鳥取にイギリス軍が駐留していたことから、この時期に何らかの形でカレーが浸透したのではないか、という説もある。

支出金額		購入数量	
全国平均	1,474	全国平均	1,453
1 鳥取市	1,902	1 鳥取市	1,898
2 新潟市	1,800	2 新潟市	1,730
3 松江市	1,704	3 富山市	1,656
4 青森市	1,641	4 青森市	1,652
5 富山市	1,638	5 札幌市	1,620
48 岐阜市	1,355	48 横浜市	1,297
49 浜松市	1,351	49 北九州市	1,280
50 甲府市	1,340	50 那覇市	1,278
51 北九州市	1,287	51 東京都区部	1,230
52 神戸市	1,195	52 神戸市	1,092

【出典】総務省統計局 家計調査「(二人以上の世帯) 品目別都道府県庁所在市及び政令指定都市ランキング」より

「鳥取カレーの素」(写真左)。二十世紀梨、砂丘ゴボウ、砂丘ラッキョウなど、鳥取の特産品を贅沢に使用したカレー風味の調味料。
鳥取の名物カレーの1つ、「むかごカレー」(写真右)。鳥取県中部の砂丘でとれる長芋の〝むかご〟をメイン具材にしたカレー。

[写真:鳥取カレー研究所]

★鳥取市民はなぜカレー好きに？　3つの仮説

鳥取で大量にカレーが消費されるのは、なぜでしょうか？

私もいろいろな角度から調べてみましたが、明確な理由は見つかりませんでした。ただし、いくつかの仮説があります。

1つ目は、米どころであること。

鳥取市は古くから米どころとして知られています。前述の総務省のランキングを見ると、カレールウの支出金額・購入数量で2位にランクインしているのは、やはり米どころの新潟市。カレーライスを食べるなら、おいしいお米は不可欠ですが、鳥取市はその条件を備えているのです。

2つ目はラッキョウの生産量。

ラッキョウは、カレーのつけ合わせとしておなじみですが、鳥取県はこのラッキョウの生産量が日本一なのです。

鳥取県では、酢漬けのラッキョウを各家庭で保存しているほどですが、ラッキョウを食べるためにカレーを食べているという考え方もできます。

3つ目は、女性の就業率の高さ。

「都道府県別 女性の就業率の推移」（総務省「国税調査」）を見ると、鳥取県は福井県や島根県と並んで、毎回上位5位に入る常連です。

女性の就業率が高ければ、共働きの夫婦が多くなります。しかし、共働きの家庭では、食事の準備に長い時間を割くことはできません。そこで登場したのが、早くて手軽につくれるカレーだったというわけです。

他にも、鳥取の保守的な土地柄がカレー普及に関係したのではないか、という説もあります。

カレーが日本に一気に広まったのは、軍隊や学校給食で採

用されたことが関係していると述べましたが、保守的な地域は、このように時間をかけて形成された文化が残りやすいといわれています。

以上。3つの説を紹介しました。

おそらく1つの理由だけではなく、それぞれが複合的に影響しているのでしょうが、いずれにせよ、今後も鳥取がトップを走り続けるのかどうか、注目したいところです。

なぜ鳥取がカレー消費量1位になったのか？

米づくりが盛ん

豊かな自然に恵まれた鳥取は、古くから米どころとして知られている。県西部にある米子市の名称の由来は、米がよく穫れることを意味する「米生郷」にもとづいているという。

ラッキョウの生産量1位

鳥取は、カレーのつけ合わせとしても知られるラッキョウの生産量が日本一。県の東部・中部の砂丘で栽培されるラッキョウは、しゃきしゃきとした歯ごたえが特徴。とくに鳥取砂丘に隣接する福部村は、全国でも有数のラッキョウの産地として知られる。

女性の有職率上位

総務省統計局による「都道府県別夫婦共働き世帯数及び割合」では、鳥取県の夫婦共働き世帯の割合は、2012年が52.7％、2017年が54.9％と全国的に見ても高い傾向。効率的に家事をこなすためにカレーが選ばれているのではないか。

スープカレーはなぜ札幌で生まれたのか

　札幌で生まれたスープカレーは、今やカレーのジャンルとしてすっかり定着した観があります。

　日本全国に広まったきっかけは、やはり2003年のスープカレーブームでしょう。仕掛けたのは、全国のカレー専門店が一堂に集結した横濱カレーミュージアムでした（→164ページ）。

　それまで北海道以外ではほとんど知られていなかったスープカレーでしたが、「有名店に出店してもらって、その存在を知ってもらえば、多くの人に喜んでもらえるのではないか」という同ミュージアムの狙いがあったのです。

　そこで当時、北海道で最も人気のスープカレー店といわれていた「マジックスパイス」に出店を依頼。実現すると、全国的にも珍しいカレーをマスコミが競って取り上げ、瞬く間にスープカレー」という言葉が知られるようになりました。

　大手メーカーがレトルト商品などを発売したことから、スープカレーは一般家庭にも浸透していったのです。

★スープカレーの歴史

　スープカレーが誕生したのは1970年初頭。「薬膳カリィ本舗　アジャンタ」がメニューとして提供したスープ状のカレーが第１号だといわれています。

　ただ、その頃にはスープカレーという名称はなく、「薬膳カレー」や「スリランカカレー」など、それぞれの店によって名称は

スープカレーってどんなカレー？

具材
レッグチキンや大きめの野菜を入れることが多い。

スープ
鶏ガラや野菜などから出汁を取り、スパイスを調合していく。

肉
やわらかく煮込まれた鶏肉、牛肉、豚の角煮など。

[写真：iStock ©luissybuster]

スープカレーを世間に知らしめた 名店四天王

薬膳カリィ本舗 アジャンタ	スープカレーを生み出した元祖。
マジックスパイス	スープカレーブームの火付け役となった人気店。
スリランカ狂我国	スリランカカレーの人気店。スパイスの魅力を伝えた。
木多郎	トマト系スープの源流。野菜のトッピングを考案。

異なっていました。"スープカレー"という名称をつけたのは、前述した「マジックスパイス」です。

　ちなみにスープカレーを生み出した「アジャンタ」は、もともと1971年に喫茶店として営業していました。常連客に提供していた薬膳カリィが話題となったことを受け、1976年に「薬膳カリィ本舗 アジャンタ」として営業を開始するのです。

　薬膳カリィは豊富なスパイスを使って、おいしさと健康の両方を追求。現在あるスープカレーの専門店の多くが「アジャンタ」の影響を受けています。

★スープカレーの特徴は独自のスープと大きめ野菜

　ところで、スープカレーとは具体的にはどんなものなのでしょうか。名前の通り、スープ状のカレーだということはわかりますが、通常のカレーとはどう違うのか？

　一番の違いは、初めに鶏ガラや野菜などから出汁を取ること。これは通常のカレーにはない工程です。

　まるでラーメンのように、それぞれの店が独自のスープを開発し、さまざまなスパイスを調合することで、深みのある味をつくりだしているのです。

　また、スープカレーのもう1つの特徴は、ゴロゴロとした具材。大きくカットされたニンジンやジャガイモなどの野菜にレッグチキンが入るのが一般的です。

　通常のカレーでは、具材とソースは一緒に煮込まれますが、スープカレーの場合、具材とスープは別々に火にかけられます。両者は別々に調理され、最終的に具材をトッピングするという流れになります。

　通常のカレーは時間を置くと具材にも味がしみこんでおいし

くなりますが、スープカレーは別々に調理するため、できたて
が一番おいしいのです。

なぜスープカレーは札幌で生まれた？

厳しい寒さに対抗する

寒さの厳しい北海道において、
体の芯から温まる食べ物が求め
られるのは当然のこと。多様な
スパイスによって発汗作用のあ
るカレーは、体温上昇に効果的。

農業が盛んで食材が豊富

栄養豊富な野菜がゴロゴロと
入っているのがスープカレーの
特徴。北海道は日本の農地面積
の約4分の1を占めていて、野
菜が手に入りやすい。まさに食
材の宝庫。

道民は無類のラーメン好き

旭川の醤油ラーメン、函館の塩
ラーメンは有名だが、札幌は味
噌ラーメン発祥の地。スープに
はもともと親しみがあり、ス
ープカレーが生まれたのも必然
だった!?

大阪発 "スパイスカレー" とは何か?

たこ焼き、お好み焼き、串カツなど、独自の食文化で知られる大阪。ご飯にあらかじめルウを混ぜた「混ぜカレー」に見られるように、その独自性はカレーにおいてもいかんなく発揮されています。

そんな大阪を象徴するカレーといえば、「スパイスカレー」でしょう。2017年に大阪で注目されると、2018年に全国に波及。2019年には定番化するなど、瞬く間にカレーの一分野として認知されるようになりました。

では、スパイスカレーとはどんなカレーなのでしょうか?

★日本人の味覚に寄り添ったスパイスカレー

スパイスカレーとは、名前の通り、スパイスの風味を強調した創作カレーです。

一番のポイントはスパイスの「使われ方」でしょう。

スパイスカレーでは、スパイスを「溶け込ませる」のではなく、「振りかける」という、独特の方法で使用します。

もう1つ重要なのは、「和」の要素です。

スパイスカレーには、和出汁が使われています。

出汁には、お茶やサンショウ、ワサビなどが使用されることもあり、カレーでありながら、日本人の味覚に合うように徹底的にアレンジが加えられているのです。

副菜の存在にも注目したいところです。

スパイスカレーとは？

スパイス
独自の使い方でスパイスの存在を強調。強い刺激が感じられる。

副菜
野菜炒めやピクルスなどを盛り付けることが多く、栄養のバランスが良い。

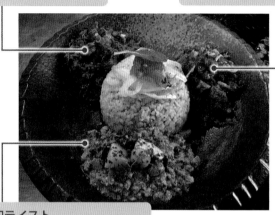

[写真：旧ヤム邸シモキタ荘]

和テイスト
お茶やサンショウ、ワサビなど、和の要素を出汁に使用することが多く、日本人にもなじみやすい。

　ワンプレートの中にサラダや野菜の惣菜が添えられており、栄養バランスがいいことも、広く受け入れられた要因だと考えられています。

　さらに、複数のカレーソースや副菜が皿に彩り良く盛られているさまは、いわゆる「インスタ映え」するビジュアル。このビジュアルがSNSを通じて急速に広まったことが、ヒットにつながったという見方もあります。

　スパイスカレーは、メニュー化した外食店が100店舗を超えた大阪や東京を筆頭に、北海道や愛知、福岡、福島などの店

でも扱われるようになりました。

　北海道では、「札幌スパイスカレー」という新ジャンルが生まれるなど、各地域の特色に合わせてアレンジされる動きが見られました。

　さらに、ハウス食品から「スパイスフルカレー」が発売されるなど、大手食品メーカーもスパイスカレーを商品化。家庭の食卓にもスパイスカレーが浸透していきました。

★スパイスカレーを生んだのは大阪人の自由な発想?

　では、なぜスパイスカレーは大阪で生まれたのでしょうか?

　その秘密は、大阪ならではの自由な発想にありました。

　大阪では、料理を本業としない人たち(元ミュージシャンや元クリエイターなど)が自分たちの食べたいカレー、好きなカレーを追求して出店し、その結果、人気を得た店が多いのです。

　プロの料理人は、どうしても「こうでなければならない」という固定概念にとらわれがちですが、料理を独学で学んだ人たちにはそうした思考的制約はありません。より自由な発想があったからこそ、独創的なカレーが生まれたのです。

　また、通常、カレーの店を始めたければ、開業資金を貯めて、空き物件を探し、内装整えてオープンする……という手順を踏むでしょう。

　ところが、大阪では、夜間に営業するバーを昼間だけカレー店にするなど、柔軟な営業形態で始めた店舗が多かったのです。こうした背景もあって、思いきったメニューを打ち出すことができたのでしょう。

　そんな考え方は、お店の営業方針にも表れました。

　納得する味ができなかった日は店休日にしたり、営業時間を

極端に短かくしたりと、メニューの内容と同じように、店主の営業方針も自由そのもの。

　一見すると型破りな印象を受けますが、大阪にはそうしたことを笑って受け入れる土壌があるのです。

　既成概念にとらわれない、独創性あふれる大阪のカレー文化。この先もどんなカレーが生まれるのか、要注目です。

なぜ大阪で生まれたのか？

自由な発想

常識にとらわれない自由な発想が新しいカレーを生んだ。スパイスを強調しながらも、和出汁などを使うあたりは「こうあるべき」という前提を崩さなければ生まれないアイデア。

パイオニア精神

インドやスリランカなど本場の味をいかに再現するかではなく、日本人好みの味にアレンジしてしまおうというパイオニア精神が、スパイスカレー誕生の原点となった。

手軽に出店

カレー店の出店にはリスクが伴う。そのため、夜は居酒屋やバーを営業している店舗を借りる「間借り方式」の出店形態が増加。若い料理人や別業種の人たちがチャレンジしやすい環境が整っていた。

「カレーライス」は地球規模で広まるか

日本で独自に進化したカレー（カレーライス）は、今、海外の国々でも積極的に食べられています。

例えば、インドのカレー文化の影響があまり見られなかった中国では、かつては中華風の炒め物にカレー粉で味をつけたものやカレー風味のスープが食べられる程度でした。

しかし、今では日本式のカレールウが大都市のスーパー、食料品店で購入できるようになっています。

食品メーカーのハウス食品では、これまで、アメリカ、中国、タイ、インドネシア、ベトナムなど、50以上の国と地域で日本の固形カレールウを販売してきました。

中国では、前述したように、もともと日本式のカレーというものがありませんでした。そこで、まずは子どもたちに味を知ってもらうように努め、徐々にカレー文化を国全体に浸透させていったそうです。

★専用ラインでつくられるハラルカレー

海外に食品を輸出する際に、日本人がナーバスにならざるを得ないのが、宗教上のタブーでしょう。イスラム圏に輸出する際には、「ハラール」の問題を避けて通ることはできません。

ハラールとは、イスラム教の戒律で食べることが許された食材のことです。

ハウス食品の海外向け商品

中国

韓国

アメリカ

インドネシア

[写真：ハウス食品]

海外向け商品のパッケージは、国内向け商品のデザインと大きくは変わらない。インドネシアは全人口のうち、87.2%（外務省統計）がイスラム教を信仰している。そのため、インドネシア向けのカレーは、イスラム法で適切に処理されたハラールカレーとなっている。

Curry

4皿目

【 カレーと日本人 】

179

これまで見てきたように、イスラム教では豚肉を食べることが禁じられています。アルコールの摂取も許されません。

したがって、ムスリム用のカレールウに豚肉を入れることはできません。豚肉やアルコールを含む調味料が入るのもNG。

さらに、工場内でそうした非適合品を一度でも使用した製造ラインは使えないので、イスラム教国向け商品をつくる場合は、専用ラインが設置されることになります。

★世界に進出する日本のカレーライス

カレーショップの海外出店も好調です。

「カレーハウスCoCo壱番屋」をチェーン展開する壱番屋では、1994年に初めてハワイのオアフ島に海外店舗を出店。以来、アジアやアメリカに出店を続けています。

出店する上での重要なポイントは、カレーを日常的に食べているかどうかというより、「米を食べる文化があるか否か」(同社・広報)。前述のように、カレー文化が十分根付いているとはいえなかった中国にも出店しましたが、日本式カレーの普及に成功しています。

日本国内にあるハラール専門店。
写真は東京・秋葉原店。

壱番屋は、2018年にロンドンにヨーロッパ1号店を開店しました。イギリスといえば、日本にカレーをもたらした国であり、いわば「逆輸入」といった状況。

同社は、次にカレー発祥の地・インドにも出店を予定しており、今後は世界中に日本式カレーが浸透していくことになるかもしれません。

カレーハウス CoCo 壱番屋の海外店舗

イギリス

ベトナム

シンガポール

[写真：壱番屋]

おわりに

　ありがたいことに、カレー業界やメディアの方々から「カレーの第一人者」という評価をいただいて、早20年。

　カレーの知識においては、日本でもトップレベルの知識を有していると自負しております。

　365日24時間、常にカレーのことを考え、新しい知識を学び、商品開発や専門店の店舗プロデュース、調理や食べ歩きにも時間を割くなど、カレーを中心とした生活を送ってきました。

　書籍の執筆も、その一環です。

　しかし、カレーに関する書籍は、そのほとんどがレシピ本やカレー店を紹介する本です。

　私自身もそうした類(たぐい)の書籍に数多く携わってきましたが、本書のようにカレーの歴史や文化をテーマとした書籍は多くありません。あったとしても、論文や学術書などがほとんどで、どうしても「とっつきにくい」という印象が強いのは事実です。

　そこで、「わかりやすく、気軽に読み進めながら、誰もが簡単に理解できるもの」をつくれないかと考え、本書の執筆を開始することになりました。

しかし、制作を進めるにあたって、世界と日本の歴史、地理とカレーの関係性などを改めて学び直す必要があり、その作業は困難を極めました。

　今まで以上に多くの文献を読みあさり、関連分野の専門家にヒアリングするなど独自の調査をしましたが、学べば学ぶほど、まだまだ自分の知らない研究領域が多いことを痛感したのです。

　とくに歴史に関わる分野は、文献が少ないことも多く、どの説が正しいのか（有力なのか）といったことを調べるために相当な時間を費しました。

　もしかしたら、今後、ご紹介した説以外にも有力な説が見つかるかもしれません。

　頭を抱えながらも、改めてカレーが魅力的な食であることを思い知らされました。その苦労の一端が、本書を通じて皆さんに伝われば幸いです。

　最後になりましたが、皆さんのカレーライフが、今よりさらに質の高いものになるよう、願ってやみません。

著者

参考文献

本書の執筆にあたっては、以下の資料を参考にさせていただきました。

■書籍

- 『スパイス完全ガイド』ジル・ノーマン（著）／長野ゆう（訳）　山と渓谷社
- 『スパイスの人類史』アンドリュー・ドルビー（著）／樋口幸子（訳）　原書房
- 『トウガラシ大全』スチュアート・ウォルトン（著）／秋山勝（訳）　草思社
- 『とうがらしマニアックス』とうがらしマニアックス編集部　山と渓谷社
- 『スパイスの科学』武政三男　河出文庫
- 『スパイスの人類史』アンドリュー・ドルビー（著）／樋口幸子（翻訳）　原書房
- 『スパイス物語』井上宏生　集英社文庫
- 『カレーの基礎知識』枻出版社編集部　枻出版社
- 『スパイス物語』碧海酉茜・大澤俊彦・香村央子　ジュリアン
- 『ヒンドゥー教とインド社会』山下博司　山川出版社
- 『世界のカレー図鑑』ハウス食品（監修）　マイナビ出版
- 『食の図書館　カレーの歴史』コリーン・テイラー・セン（著）／
  竹田円（訳）　原書房
- 『みんな大好き！ カレー大百科』森枝卓士（監修）　文研出版
- 『カレーライスと日本人』森枝卓士　講談社学術文庫
- 『カレー学入門』辛島昇・辛島貴子　河出文庫
- 『カラー版 インド・カレー紀行』辛島昇　岩波ジュニア新書
- 『世界の食文化８ インド』磯千尋・小磯学　農山漁村文化協会
- 『インドカレー伝』リジー・コリンガム（著）／東郷えりか（訳）　河出文庫
- 『ムガル皇帝歴代誌』フランシス・ロビンソン（著）／月森左知（訳）　創元社
- 『日本人はカレーライスがなぜ好きなのか』井上宏生　平凡社新書
- 『黄金郷に憑かれた人々』増田義郎　NHKブックス
- 『カレーライスの誕生』小菅桂子　講談社学術文庫
- 『スパイスの活用超健康法』川田洋士（著）、武政三男（監修）　フォレスト出版
- 『地球の歩き方 マカオ 2012 ～ 2013 年版』
  地球の歩き方編集室　ダイヤモンド・ビッグ社
- 『カレーの雑学』井上岳久　日東書院本社
- 『CURRY BIBLE』井上岳久　ごきげんビジネス出版
- 『カレー大學　受講テキスト』井上岳久　カレー大學

■論文

- 「インドの軍事的特性」矢野義昭　日本安全保障戦略研究所
- 「インドにおける畜産と宗教・文化の影響」
  神谷信明　岐阜市立女子短期大学紀要

- 「アーユルヴェーダについて」日高なぎさ　大阪産業大学人間環境論集
- 「香辛料の機能性成分」中谷延二　生活科学研究誌／大阪市立大学大学院生活
  科学研究科・生活科学部『生活科学研究誌』編集委員会 編
- 「コロンブスの航海について」山本一清　天界 = The heavens
- 「植民地国家における経済構造の形成と展開」
  （南アジア研究）　水島司　南アジア研究
- 「カレーに関する一考察」木下賀律子　豊橋創造大学短期大学部研究紀要
- 「大航海時代のスペイン—コロンブスの思想と行動を中心に」
  立石博高　同志社大学公開講演会

■ウェブサイト
- 「NHK 高校講座　ムガル帝国からインド帝国へ」水島司
  https://www.nhk.or.jp/kokokoza/tv/sekaishi
- 「世界史の窓」Y-History 教材工房
  https://www.y-history.net
- 「アーユルヴェーダライフ」ライフソリューションズ株式会社
  https://www.ayurvedalife.jp
- 「知ってた？ カレーは " おいしい " 漢方薬」日経 Gooday
  https://gooday.nikkei.co.jp/atcl/report/16/082300054/082500001
- 「How to Eat with Your Hand Indian-Style」tripsavvy
  https://www.tripsavvy.com/eat-with-your-hands-indian-
  style-1539439
- 「DTAC 観光情報局」ベトナム、スリランカ
  http://www.dtac.jp
- 「SENSE MACAO」マカオ観光局
  http://www.sensemacao.jp/
- 「South Africa」南アフリカ観光局
  http://south-africa.jp/
- 「香辛料とは」「香辛料の分類と特徴」全日本スパイス協会
  http://www.ansa-spice.com/index.html
- 「スパイス＆ハーブ事典」エスビー食品
  https://www.sbfoods.co.jp/
- 「ハウスの出張授業」「カレーハウス」ハウス食品
  https://housefoods.jp
- 「コロンブスを航海に向かわせた、トウガラシをめぐる冒険」
  ナショナルジオグラフィック
  https://natgeo.nikkeibp.co.jp/nng/article/20141114/424538/

- 「コロンブスがトウガラシを『ペッパー』と呼んだ意外な理由」THE21
  https://shuchi.php.co.jp/the21/detail/5344?p=1
- 「世界の美本ギャラリー」 京都外国語大学付属図書館
  https://www.kufs.ac.jp/toshokan/gallery/gallery.htm
- 「日本の学生を教導したクラーク博士とカレーライス」
  キリンホールディングス
  https://www.kirin.co.jp/csv/food-life/about/activity/foodculture/18.
  html
- 「カレーライス誕生秘話、国民食は海軍軍医が健康のために発案した」
  ダイヤモンドオンライン
  https://ascii.jp/elem/000/001/678/1678566/
- 「胡椒の歴史」日本胡椒協会
  http://kosho-kyokai.sakura.ne.jp/index.html
- 「包装技術ねっと」豊ファインパック株式会社
  http://www.housougijutsu.net/
- 「金沢カレーとは？」金沢カレー協会
  https://kanazawacurry-kyokai.com
- 「月報 野菜情報」 独立行政法人農畜産業振興機構
  https://vegetable.alic.go.jp/yasaijoho/index/yasai/index.html

■その他
- 「地域別に見た食の特徴」農林水産省
- 「食習慣の観点から見たインド市場参入可能性の調査研究」農林水産省
- 「訪都外国人旅行者 インバウンド対応ガイドブック」東京都
- 「北海道の農産物食材カタログ」国土交通省
- 「タイという国 ― 日タイ修好130周年」外務省
- 「アジア地域における『香辛料・ハーブ』の利用に関する国際比較研究」
  岡光信子 東北大学大学院

この他に、以下の企業、店舗の皆さまに取材をさせていただきました。
ご協力と貴重なご意見、ありがとうございました。　　　　　※順不同

ハウス食品／エスビー食品／ネスレ日本／ハチ食品／ベル食品工業／中村屋／
ナイルレストラン／ナイル商会／大塚食品／壱番屋／ネスレ日本

著

井上岳久 (いのうえ・たかひさ)

カレー総合研究所代表取締役
事業創造大学院大学客員教授
慶應義塾大学経済学部、法政大学法学部卒業。商社などに勤務後、2002年11月に「横濱カレーミュージアム」プロデューサーに就任し、入館者数減少に悩む同館を復活に導く。2006年に独立し、カレー総合研究所、2014年に「カレー大學」を設立。現在、カレー業界の活性化を目指し、積極的に活動を展開している。カレー研究の第一人者で、カレーの文化や歴史、栄養学、地域的な特色、レトルトカレー事情などカレー全般に関して造詣が深い。インドやイギリス、東南アジアに何度も足を運び、海外のカレーについても精通。日本全国のカレー店8000店舗以上を制覇し、7000種類以上のレトルトカレーを収集している。著書に『親子で楽しむおとう飯カレー』（徳間書店）、『カレーの経営学』（東洋経済新報社）、『広報・PRの実務 組織づくり、計画立案から戦略実行まで 』（日本能率協会マネジメントセンター）などがある。

SBビジュアル新書 0017

カレーの世界史

2020年1月15日　初版第1刷発行

著　者　井上岳久

発 行 者　小川　淳
発 行 所　SBクリエイティブ株式会社
　　　　　〒106-0032東京都港区六本木2-4-5
　　　　　営業03(5549)1201

装　幀　渡辺　縁
編　集　木田秀和
印刷・製本　株式会社シナノ パブリッシング プレス

本書をお読みになったご意見・ご感想を下記URL、QRコードよりお寄せください。
https://isbn2.sbcr.jp/01409/

あの事件はこんなところで起きていた！

江戸・東京
幕末・維新の「事件現場」

外川淳　著

本体価格1000円＋税

安政の大獄、桜田門外の変、上野戦争、紀尾井坂の変……。幕末から
明治初期にかけて江戸（東京）で起きた歴史的な事件の現場は今、ど
うなっているのか？　古地図、古写真、現地調査などをもとに現場を
完全特定。紙上現場検証が始まる！

知れば納得！「日本人」のこころ

日本文化
ビジュアル解体新書

山本素子　著

本体価格1000円＋税

「お月見にススキを飾るのはどうして？」「如来と菩薩はどう違うの？」
「尺八を吹いている虚無僧の正体は？」などなど……。今まで知らな
かった＆今さら聞けない日本のことが、貴重な写真とイラストでまる
わかり。いざ出発、日本《再発見》の旅へ！

経営・起業の基礎知識がすごろくでわかる！

すごろく経営学

平野敦士 カール（監修）
北構まゆ（イラスト）

本体価格1000円＋税

「経営学の本は難しい」「書かれていることが断片的で、つながりがわからない」 そんなふうに思った人も多いのでは？ 本書は"すごろく"形式で、起業、法人化、上場などの経営トピックが学べる、画期的な1冊。すべてのビジネスパーソン、必読！

すべての衝突の原因は《過去》にあり

ニュースがわかる

図解 東アジアの歴史

三城俊一（著）　かみゆ歴史編集部（編）

大好評発売中

どうして日本と韓国は歩み寄れないのか

なぜ尖閣、竹島、北方領土は解決しないのか？

台湾、香港、沖縄は歴史をたどったのか **どんな**

日本・中国・朝鮮半島のもつれた糸を解きほぐす

充実のビジュアル

本体価格1000円＋税

日本、中国、北朝鮮、韓国には、領土や核問題など、いくつもの懸案事項が横たわっている。これらは一見難解に見えるが、実は構造自体は複雑ではない。古代からの歴史を振り返りながら東アジアの現代史がわかる、ユニークな解説書。